きみは特別じゃない

You Are Not Special...

and Other Encouragements

ダイヤモンド社

YOU
ARE NOT
SPECIAL
by David McCullough, Jr.

Japanese translation published by arrangement with
David McCullough, Jr. c/o McCorimck & Williams through
The English Agency (Japan) Ltd.

4人のわが子へ……そして世界中の親御さん、子どもたちのために

訳者からひと言

2012年6月7日、アメリカ・マサチューセッツ州ボストン近郊ウェルズリーの有名公立ハイスクール。そこで開かれた卒業式で、同校の英語教師デビッド・マカルーJr.が卒業生に向かって「きみは特別じゃない」と呼び掛けた祝辞がYouTubeにアップされ、またたく間に世界中で100万人を超えるビューワを獲得した。(2016年1月現在で260万超。)「豊かさ」と「貧困」が同居する現代の社会情勢の中で、豊かでも、貧しくてもいびつに押しひしがれている子どもたちに、シンプルに「生きる」ことの大切さを訴えるメッセージ。本書は、そのマカルー先生があらためて世界中の子を持つ親、子どもたちのために書き下ろしたものである。日本の読者のみなさんには、まずはそのマカルー先生の卒業式祝辞からお読みいただくことにしよう。YouTubeで祝辞の動画をご覧になりたい方は、以下のURLからどうぞ。

https://www.youtube.com/watch?v=_lfxYhtf8o4

マカルー先生の卒業式祝辞

ウォン先生、キーオ先生、ノボグロスキー先生、カレン先生、教育委員会のみなさん、卒業生のご家族、ご友人のみなさん、2012年のウェルズリーハイスクールの卒業生諸君、こうしてここであいさつをする栄にあずからせていただいたこと、誇らしく思い、感謝いたします。ありがとうございます。

さ、じゃあやりますか……卒業式……人生の大きな門出の儀式です。「結婚式はどうした?」なんて言わないでくださいよ。結婚式は一方的で、どれだけ意味があるかね。あれは花嫁中心の見世物でしょ。いろいろと理不尽な要求を飲まされるのを除けば、花婿はただそこに立っているだけです。堂々と、はい、みなさん、ぼくの花婿入場を見てね、ってこともない。花嫁のように父親から相手に渡されることもない。名字が変わることもない。男どものタキシードの試着を特集したテレビ番組なんて想像できますか？　父親たちはうれしさと信じられない思いで目を潤ませ、兄弟は隅のほうで小さくなって、うらやましそうにぶつくさ言っている。男にまかせていたら、結婚式なんてね、さんざん先延ばしにしたあげく、ほとんどものの弾みで……フットボールのハーフタイムの間に済ませてしまう……冷蔵庫まで飲み物を取りに行くついでにね。そもそも、失敗の確率もあります。統計を見たら、きみたちの半分は離婚するんですよ。あんな勝率じゃ、アメリカンリーグ東地区でビリですよ。ボルティモア・オリオールズだって、結婚よりはうまくやるんじゃないですか。

でも、今日のこの式……卒業式ね……卒業式はいつでも意味があるんですよ。明日からはね……ほんと……病めるときも、健やかなるときも、お金で失敗をしても、中年の危機を迎えても、シンシナティの展示会でちょっとかわいいコンパニオンを見かけても、もやもやすることが重なってしだいにこらえ性がなくなってきても、いろんなずれやがまんできないことや何かがあっても、もうハイスクールは永遠に過去のものですからね、ハイスクールの生徒としての自分も卒業証書もね、死がきみたちを分かつまで。

そう、卒業式は人生の大切な門出の儀式です。ちゃんと立会人がいて、象徴的な意味もこめられています。たとえばこの、ゼロからの出発の通過儀礼にぴったりなのがこの、いまいるところ、会場ですよ。いつもなら、こんなありきたりの言い方はどんなことをしてでも避けるのですが、ほら、わたしたちはこうして、文字通り平らなグラウンドにいるでしょう。ここが重要なところです。意味があるんですよ。

それに、きみたちのその式服……無定形で、みんな同じで、誰が着ても合います。男だろうと女だろうと、背の高い人だろうと低い人だろうと、勉強熱心な人でも怠け者でも、スプレーで肌を小麦色にしたダンスパーティーのクイーンでも、別の銀河から来たXboxゲームの暗殺者でも、みんな着たらまったく同じように見えます。それに、きみたちの卒業証書も……名前のところを除けば、まったく同じです。

これは全部、そうあるべくしてそうなっているんです。きみたちは誰も特別じゃないから。

きみは特別ではないんです。特別優れているわけじゃありません。

U9のサッカー大会でトロフィーはもらったかもしれないけど、中学1年のときの成績表は素晴らしかったかもしれないけど、どこかの太ったパープルダイナソーの着ぐるみや、あのテレビの人気番組『ミスター・ロジャーズ・ネイバーフッド』に出ていたやさしいおじさんやちょっと変わったおばさんみたいな人は会うたびに頭を撫でてくれたかもしれないけど、それに、ママも何度となくあのバットマンみたいにピンチを救いに来てくれたとしても……きみは別に特別じゃないんです。

ええ、好き放題させてもらって、だいじにされて、べたべたに愛されて、ヘルメットをかぶらされて、プチプチでぐるぐる巻きにされたでしょう。そう、いろいろとほかにやることがあるだろうに、いい大人が抱っこして、キスして、食べ物を食べさせて、口のまわりをふいてくれて、お尻もふいてくれて、しつけて、教えて、勉強も見て、コーチをして、話を聞いて、相談に乗って、励まして、慰めて、また、頑張ってと言ってくれましたよね。さあ、行ってとつつかれて、おだてられて、乗せられて、お願いもされましたよね。お祝いもしてもらって、機嫌もとられて、ああ、何てかわいいの、とも言ってもらいましたよね。

そう、わかってるんです。で、たしかに、わたしたちもきみの試合や、芝居や、演奏会や、発表会を見に行ったんですよ。そりゃあもう、きみが会場に入ってきたら、笑顔がはじけて、きみのかわいいおしゃべりのたびに何百人もの人が感心して息を飲みましたよね。ほら、もしかしたらウェルズリーの町の新聞に写真が載ったことだってあるんじゃないですか。そして今日、ハイスクールも征服した……間違いなく、ここにいる人たちはみな、きみたち、この素敵な町の誇りと喜び、あの立派な新校舎から最初に巣立つ人たちのために集まってくれたんですよ。

でも、自分がどこか特別なんじゃないかとは思わないでください。そうじゃないから。

その証拠はいたるところにあります。数字ですね。英語の教師でも無視するわけにはいきません。ニュートン、ネイティック、ニー……ニーダムも言っていいのかな、大丈夫？……この三つのハイスクールだけでも、まあざっと、２０００人は卒業生がいるでしょう。近所のＮで始まる学校だけでもね。国全体では、いまごろ３万７０００校を超えるハイスクールから３２０万人以上の卒業生が巣立とうとしています。つまり、３万７０００人の卒業生総代がいるんですよ……生徒会長も３万７０００人います……美声のアルトも９万２０００人くらいいるでしょうか……ふんぞり返った体育会系の人も34万人くらいいるでしょう……アグのブーツとなると、２１８万５９６７足くらいそろっているんじゃないですか。

でも、何もハイスクールだけに限ることはないですよね。何といっても、もうさよならしようとしているのですから。だから、こう考えてみましょう。仮にきみが１００万人に１人の存在だとしても、この地球には68億人の人がいますから、7000人くらいは同じような人がいることになります。ボストンマラソンのある「マラソンマンデー」にワシントンストリートのどこかに立っていて、目の前を6800人の自分が駆け抜けていくところを想像してみてください。

それに、ちょっと、もう少し広い世界のことも考えてみましょう。きみたちのこの惑星、言っておきますが、これは太陽系の中心じゃないですよね。太陽系もこの銀河系の中心じゃありません。この銀河系も宇宙の中心じゃない。というか、天体物理学者はわたしたちにはっきりと、宇宙には中心はないと言っていますよね。だから、きみたちが中心であるはずはないんですよ。ドナルド・トランプにしたってね……誰かがそう言ってあげたほうがいいでしょう……まあ、あの髪はちょっとしたものだけど。

「でも、先生」と言いたいんでしょう。「ウォルト・ホイットマンは、きみはきみなりに完璧だと言ってますよ！　エピクテトスも、きみにもゼウスのひらめきがあると言ってますよ！」とね。わたしもそれは否定しません。

そうすると、68億人の完璧な人間がいることになります。68億のゼウスのひらめきがね。わかるでしょう。全員が特別になったら、特別な人はいなくなるんです。みんながトロフィーをもらったら、トロフィーの意味はなくなります。ひそかに、だけどそんなに隠すこともなく行われているダーウィンの言うお互いの競争にしても――わたしが思うに、自分の存在意義がなくなるのが怖くて起こるんじゃありませんかね、死ぬのが怖い、みたいな気持ちがどこかにあって――最近のわたしたちアメリカ人は、ずいぶん損をしていると思うのですが、ほんとうにやったこと以上にほめてもらいたがる傾向があるんじゃありませんか。そういうことをだいじにするようになって――そのために喜んで基準を下げたり、現実を無視したりする傾向がね。

それが、自分を世の中のより高い地位につけるのにいちばん手っ取り早い方法、あるいは唯一の方法だと思うからか、マントルピースの上に飾ったり、写真に撮ったり、自慢したりできるものを求めるんです。そうなるともはや、自分がゲームをどう闘うかということは関係なくて、勝つか負けるかということでもなくて、学んだり成長したり、それを楽しむということでもない。頭にあるのは「これをやったらどれだけ得するか?」だけなんです。結果的に、貴重な努力も安っぽいものにして、グアテマラに診療所を作っても、目的はグアテマラの人を幸せにすることではなく、ボードウィン大学に入学するための内申書をよくする手段になってしまう。流行病みたいなものですよ。

その点では、このわれらがウェルズリーハイも免疫はありません……全米3万7000校のうちのベストの学校の一つであるウェルズリーハイスクールにもね……優秀と言っても、もうそれほど優秀じゃない、B評価はもともとのC評価を新たに言い換えただけで、普通のクラスが特別進学クラスと呼ばれるようになってきています。

それに、「ベストの学校の一つ」と言ったときにお気づきですよね。わたしは「ベストの学校の一つ」と言いました。ということは、自分たちに自信を持っていいわけです。ちょっとは違いがあると思っていいわけです、かすかに、確かめられない程度にではありますが、自分たちは、エリートが何を指すかよくわかりませんが、エリートに入るんだ、ライバルより一歩先んじているんだと思ってもね。でも、わたしの言ったことはロジックが矛盾していますよね。そもそも、ベストは一つしかありません。ベストは、そうかそうじゃないか、どちらかしかないんです。

きみたちがここにいる間に何か学んだことがあったとすれば、それは、教育の本来の目的にかなったことであってほしいと思います。物質的な損得ではなくて、勉強することの楽しさですね。それと、ソフォクレスも言っていますが、知恵を身につけることは幸せの最大の要素だということもね。（2番目はアイスクリームですが……ま、それはどうでもいいですか。）

あと、自分たちがいかにものを知らないかということも学んでいてくれるといいですね……いまの自分がどれだけ無知かということも……いまは、ですよ……今日が始まりなのですから。これからどこまで到達するかが問題なのです。

それから、門出に当たり、きみたちが散り散りバラバラになる前に、これから何をするにしても、それが好きだからする、自分にとって大切だからするようにしたほうがいいということも申し上げておきたいと思います。ボルティモア・オリオールズより勝率が悪い結婚の話をしましたが、あんなふうにならないように、わざわざ大好きでもない人と結婚したりしないようにね。簡単に手に入る幸せや上辺だけの物質的な豊かさにひかれたり、自己満足の世界におぼれたりするようなことはしないことです。恵まれた環境に安住しないことです。

そして、本を読むこと……いつでも本は読んでください……信念として、これだけは譲れないという思いでね。人生に不可欠な栄養分として本を読むのです。道徳的な感受性を育み、守り、それを実践できる人間になるのです。夢は大きく、努力は惜しまず、自分を大切にするのです。大切な人を大切にし、大切なものを大切にする、全力でね。どうか、切迫感を持って、時計の針がカチカチいうたびに残りが少なくなっているという気持ちを持ってそうしてください。始まりのときがあるように、終わりのときも来ます。その日の午後はどんなに天気がよくても、きみ自身はその究極の儀式を味わえる体ではなくなっているのです。

充実した人生、ひと味違う人生、意味のある人生というのは、自分で築き上げるもので、自分がいい人だからとか、お母さんが出前を注文してくれたからとかいった理由で転がり込んでくるものではありません。

建国の父たちがたいへんな苦労をして、きみたちの生存、自由、幸福の追求という――この「追求」というのは何とも前向きな動詞だと思いますが――侵すべからざる権利を確保してくれて、だから彼らには、ゴロゴロしながらYouTubeでローラースケートをするオウムなんかを見ているひまはほとんどなかっただろうということも、わかるでしょう。

最初のローズベルト大統領、あの（米西戦争で）「ラフ・ライダー」と呼ばれた人は、「たいへんな生き方」に挑戦することを唱道しました。ヘンリー・デビッド・ソローは生活を片隅に閉じ込め、深く生き、その髄をすべて吸い尽くすことを望みました。詩人のメアリ・オリバーは、漕ぎなさい、舟を漕ぎなさい、渦の中へ、激流の中へと言っています。このあたりでも、誰でしたか……忘れちゃったけど……ときどき若い学生に、いまを徹底的に楽しめって発破をかけている人がいますね。言いたいことは同じです。すぐに取りかかろう、いまやるんだ、ということですよね。インスピレーションや熱い気持ちが湧いてくるのを待っているんじゃなく。

いま立ち上がって、出ていって、探検をして、大切なものを自分で見つけよう、自分の両手でつかみとろう、ということですよね。（そうそう、きみたちが飛び出して、「ＹＯＬＯ」のタトゥーを入れに行く前に、あの流行の短い文句の論理のおかしいところも指摘させてください——きみたちはたったの一度しか生きられないのではなくて、もっと生きられるはずです。人生は毎日ありますからね。あれはYou Only Live Onceではなく、You Live Only Onceとすべきなんですけど……YLOOとしたら、響きも変わってくるから、まあいいかと思っているんですけど。)

ただし、このYLOOという言葉の解釈は、昔から言われている「いまを生きる」という言葉もそうですが、わがままを認めてもらう、好き勝手に生きるという意味じゃありません。

称賛がそうでなければならないように、充実した人生というのも結果でね、ごほうびにもらえるものなんですよ。これは、自分がもっと重要なことを考えているときに転がり込んでくるものです。山に登るにしても、そこに旗を立てようとして登るんじゃなくて、たいへんなことに挑戦してみたいとか、山頂の空気を吸ってみたいとか、遠くまで広い世界を見渡してみたいとか思って登ったときにね。世の中を見渡すために登るのであって、世の中に見てもらうために登るのではないんです。パリに行くのもパリという街に身を置いてみるためであって、行きたい街のリストからまた一つ街の名前を消すためでも、自分も国際人になったといい気になるためでもないんです。

自分が満足感を得るためではなく、ほかの人たちのため、残りの68億人の人たちのために、自由で、自分にしかできない、人に左右されない生き方をするのです。そうしたら、きみたちにも、人間の経験の素晴らしい、また、面白い真実がわかってくるでしょう、無私というのは人間が自分で到達できる最高の境地なんですね。つまり、人生の最高の瞬間というのは、自分は特別じゃないということがわかったときに初めて訪れるものなんです。

誰もが特別なのですから。

おめでとうございます。幸運を祈ります。どうか、きみたちの力で、きみたちのために、また、みんなのために、とびきりいい人生を送ってください。

きみは特別じゃない　目次

第1章

25

きみはきみの人生の唯一の相棒

「汝自身を知れ」

第2章

69

きみは金槌か、それとも釘か?

わたしの授業はこうして始まる

さあ、だから、立ち上がり、取り掛かろう……

——ヘンリー・ワーズワース・ロングフェロー著『人生讃歌』

第 1 章

きみはきみの人生の唯一の相棒

「汝自身を知れ」

日々世界を広げていく子どもがいた、
その子が最初に目をつけたもの、その子はそれになり、
その日、あるいはその日のある時間はそれがその子の一部となり、
またそれが何年も、いや、何年かのサイクルで続いていった。

――ウォルト・ホイットマン著『世界を広げていった子ども』

自分にもっと向き合おう

「汝自身を知れ」と言ったのは、何も大昔のギリシャの賢人だけではない。結局のところ、きみたちは自分の責任で生きており、それは生きている限り変わることはない。それに、その人生は一度きりであり、きみが生きられる人生はあとにも先にもほかにない。その人生を、何とか責任を果たし、巧みに舵取りをして、的確な判断を下し、自分に与えられた時間を満喫し、それなりに他人の役にも立ちながら生きていくには、自分のことをもっとよく知ったほうがいい。

まず、最初に書いておくが、自分はこうだと簡単に決めつけないことだ。誰でもそうだが、**きみの思う自分は自分で勝手に思い描いている自画像にすぎない**——どうにでもなるものだ。そんなきみの「自分」とは、まずどんなものでできているのだろう。自分で考える「自分」はきみの脳の中を弾丸のように行き交う電気信号でできている。すべてはそれで決まっている。何もかもだ。

体のほうはどうかというと、きみたちの存在はいつしか古びて朽ち果てていく一時的な遺伝物質の集合体と言える。あくまで一時的なものだ。同時に、きみは自分が食べるものや、自分の頭の中を通過していくようなものにも左右される。だから、そういうもののこともいろいろと考えてみよう。気にとめ、どうか考えてほしい——自分がどういう存在なのかということを。

結局のところ、きみが「自分とは何か」を考えるから、自分がいる。きみが考えなければ、きみの「自分」はいない。この連続した時間と空間の中できみが唯一無二の存在であるということ——いろんなものがまだらに寄せ集まって自分ができているということ——も驚きだが、きみも、ほかのすべての、いまいる人も、かつていた人も、これから生まれてくる人も、みな一様に唯一無二の存在で、それぞれ自分の意思で動く存在だということはさらに驚きだ。

早い話が、自分がいつ、どこで、何をするかなんてことは予測できない。きみにもわからないし、ほかの誰にもわからない。土台無理な話だ。今夜、何時にベッドに入る？　明日の午後は誰とおしゃべりをする？　22年後には、どこで誰と暮らしている？　孫の結婚式には、どんな服を着ていく？「そこまで！」の声がかかったとき、それまでに自分がやってきたことで何をいちばん誇らしく思う？　その「そこまで！」の声は、いつ、どこで、どんなふうにかかる？　それは誰にもわからない。

わたしたちにわかっているのは先に述べた一点だけ、わたしたちがみな唯一無二の存在であるという、一見矛盾しているようで、実はそうではない点だけだ。まあ、それはそうなのだが、わたしたちはふだん、そんなことは深く考えようとしない。ひたすらそれが心の安寧を保つためだとしても。

ここまで書いてもまだ自分のことを考えてみる気にならないとしたら、時間という非情な現実のことも書いておこう。つかの間の、はかない人生――わたしたちにあるのはそれだけだ。「現在」「この瞬間」「たったいま」――その「たったいま」さえ、頭の中にしかない、ほとんど抽象的な観念に過ぎない。この瞬間は存在する。存在してもらわないと困る。

だけど、容赦なく、立ち止まることなく、秒針は進んでいく。**「いま」だと思った瞬間はもうすぎて、次の瞬間になっている。そして、その「次の瞬間」も、たちどころにまた過去になっていく。**しかも、過去はどんどん遠ざかり、未来はいつまでたっても時間の壁の向こうにある。過去も未来も頭の中にしか存在せず、その両者の間にあるのは、理想的には幅がゼロの秒針の先だけとなる。そこで、わたしたちは人生を生きている。コメディアンのジョージ・カーリン[訳注1]は「現在はない。あるのは近接未来と近接過去だけだ」と言った。それをそのまま鵜呑みにしたら、現在はわたしたちのすべてだけど、なおかつ存在しないものになる。つまり、わたしはただの一瞬の電気現象にすぎないということか。

おいおい。

これはいったいどういうことか？　まあ、意味はいろいろ考えられる。どう見ても、わたしの脳で理解するには、その数は多すぎる。わたしたちがふだん考えるのをパスすることによって乗り越えている現実だ。

だから、ここではそれについて考えてみよう。

いまここにきみが存在する奇跡

1978年秋、同じマサチューセッツ州出身で、ロンドンで同じ学校に通っていたピーターが、ぬるいビールを飲みながら話してくれたことがある。大学を卒業したらすぐに幼稚園の頃から一緒だったガールフレンドのベスと結婚する。新婚旅行はハワイのカウアイ島へ行く。最初に生まれる子どもは男の子で、ダニーと名付け、次に女の子が生まれ、ニキと名付ける。住むのはスワンプスコット、二人が育ったマサチューセッツ州の町……そういうことを、さも決まったことのように淡々と話す彼がおかしくて、わたしはさんざんいやみを言ったが、2年もたたないうちに、二人は幸せな結婚をして、カウアイ島へ新婚旅行に行き、じきに元気な坊や、ダニーが生まれ、ほどなく、かわいい娘、ニキも生まれた。いまではもう孫もいる。二人はスワンプスコットでとても幸せに暮らしている。そんな彼に、いまでもわたしは、必要とあればいやみを言う。話題はおもに別のことだが。

おそらく、きみはこれほど筋書きどおりに生まれてきたのではないだろう。おそらく、ご両親が最初に互いを意識し、興味を持ったのは、1963年に幼稚園の教室で席を並べていたときなどではなく、もっと大人になってから、たまたま、ちょっとしたことがきっかけだっただろう。もしかすると、性別や、生まれる順番や、名前は、二人が結婚し、あなたがお母さんのおなかのなかに宿る前から決められていたのかもしれないが、そうだとしても、それも珍しい部類に入るだろう。

ご存じのとおり、人の一生は際限なくサイコロを転がしていくようなものだ。予想はそのつど裏切られ、まるでハムレットのように変転を繰り返す。結果的にあとに残るのはひと筋につらなる偶然の軌跡のようなもので、要はいつでも、その前にどうだったかですべてが決まる。もしものちにわたしの母になるうら若き乙女が18歳のときに遠く離れたピッツバーグで開かれるパーティーに招かれたのを断っていたら、のちにわたしの父になる若者とは会っていなかっただろうし、わたしの兄弟も姉妹も、わたしも、さらにはわたしの子どもたちも存在していなかっただろう。だが、彼女はそのパーティーに行き、その若者と会い、聞くところによると、ひと晩中ダンスを踊り、こうなった。

もしも13歳だったジャニスがあの6月の午後にビーチに行こうとしていなければ、それとも、もう少し早く、または遅く行こうとしていたら、そして、わたしがちょうどそのときに水から上がって、総勢14人で堤防に腰かけて体を乾かしながらあたりを見回していなかったら、そして、彼女がさっそうとそのわきを通り過ぎるときに、こちらを振り返って微笑みかけ、わたしを雷に打たれたセコイアのようになぎ倒していなかったら、わたしたちの子どもたちも存在しなかっただろう。

こういうことは言いだしたらきりがない。しかも、無数の精子と卵子が入り乱れた生物学的偶然の世界もある。もし別の精子と卵子が合体していたら、いまここでこの本を読んでいるきみとはまったく違う人が生まれていただろう。ダニーやニキはともかく、きみにしても、あるいはわたしたちの誰かにしても、いなかった確率のほうが圧倒的に高く、そら恐ろしくなるほどなのだ。

だが、ともあれ、わたしたちはここにいる。

自分という存在は幼い頃にどこかで意識するようになる。自分は他人と違う、その境界のようなものが徐々に飲み込めてくる。わたしにも鮮明な記憶がある。8歳の頃だったか、ピッツバーグの祖父母の家で階段を下りていたとき、自分の手に気づいた。右手だ。不意に、手すりにつかまっていたそれが、それまでとは違ったものに見えた。「あれ、ぼくの手だ」というほどの思いだ。階段の途中で立ち止まった。「いくつになっても、この手はぼくの手なんだよな。何に触っても、何をしても、この手はここにあるんだよな」と思い、その手を差し上げて、よくながめ、指を動かしてみて、手首も曲げてみた。そこで、左も気になったので、左手も同じようにしてみた。そのとき初めて自分の手を見たような気がした。

それから半世紀ほどがたっても——少しガサガサして、傷がつき、ごつごつしているのはともかく——同じ手が同じことを語りかけてくる。もしかすると、つかまっていた手すりの感覚や何かから、手という普遍的なものの意味に直観的に気づいたのかもしれない。もしかすると、そのときたまたま、それまで眠っていたシナプスが目覚め、神経学や認知学でいうところの知覚のポイントに到達し、そこにたまたま手があったということなのかもしれない。もしかすると、その前にピッツバーグへ行ったときより少し大きくなり、自分の体ができてきたことに気づいたのかもしれない。いずれにせよ、その「あれ、ぼくの手だ」という感覚は電気が走ったようにわたしの体を駆け抜け——まあ、そのときだけだったからということもあると思うが——いつまでもあとに残った。

以来、それまでにはなかった客観性が芽生え、自分を意識するようになった。**一人の人間としての自分。独立していて、ほかの誰とも違い、限りのある存在だ。**もちろん、当時はそれをそんな言葉では表現できなかったが、わたしのなかで起こったのはそういうことだった。おそらく、みなさんも幼い頃に同じような経験をしたことがあるだろう。それから45年の歳月を経たわが家で、二階のバスルームの前を通り過ぎようとすると、そこにジェシーが立っている。いちばん下の子どもで、わたしがあのピッツバーグの家の階段を下りていたときと同じくらいの年頃で、鏡のなかの自分に見とれている。茫然自失の体《てい》だ。足を止めて、何をしているのかと訊いてみた。どうやら、自分が目にしたものにすっかり心を奪われていたのか、鏡から目を離すことなく、彼はこう言った。

「信じられないよ、おとうさん。これがぼくだって」

もちろん、こうした驚きにも重い責任の自覚が伴う。きみたちは——わたしたちの一人一人全員が——まっとうする命を授かっている。過去に生きた誰の命とも、あとに続く誰の命とも異なる、きみだけが体験する出来事をつなぎ合わせてきみの人生を織り成していく命だ。それに、さらに、その命を生きていく「自分」にくっついてくるものもある。どんなにわかりやすく整理ができる便利な手段があっても、とても理解することができないほど無数に湧いてきて、複雑で、とらえどころがなく、すぐに変化していくものだ。そこが生命の神秘、得も言われぬところと言ってもよいだろう。

「なぜ」という疑問のほうがその答えより軽く20倍は多い。いや、50倍だろうか。だからこそ、仮に答えが見つかることがあったとしても、人生は面白いのではないだろうか。**自分のことなど、どこまで行ってもわからないものかもしれないが、追求してみる価値は大いにある。**たとえその面白さだけが目当てだったとしても、何時間かじっと座り、自分のことをあれこれと読み解いてみて、その自分が存在するこの広大な宇宙に思いをはせる。できれば、「上手な生き方」などを説く人の言葉など、頭の中から払いのけて、無為にこの上なくいい時間を過ごしたら、貴重な洞察に到達することができるだろう。

だから、それをやってみよう。結局のところ、きみはきみの人生の唯一の相棒だ。

それに、まわりのわたしたちに見えるのもそのきみだけだ。わたしたちだって、そんなきみがうれしそうに元気いっぱいで、しっかりと自分の足で立って生きているところを見てみたい。

最初の試練は
誕生のプロセス

普通は、まず自分を「先天的な自分」と「後天的な自分」に分けて考えればよいのか。少し大雑把すぎるような気もするし、少し単純化しすぎではないかとも思える。何と言っても、「先天的な自分」も後天的に表れるわけだし、「後天的な自分」もたえず変化するまわりの条件に合わせて「先天的な自分」が味つけされただけのものだろうが、まあ、それはいいとしよう。「先天的な自分」は遺伝子でプログラムされたものと言え、必ずいろいろな形で影響を与える。

背の高い人は背の低い人と単なる背丈以外にもいろいろと違いがある。しなやかな生き方ができる人の人生も剛直な生き方しかできない人の人生とは違ってくるし、髪が薄くなる人の人生も髪がふさふさの人の人生とは違ってくる。敏捷性のある人にとっては、体育の授業が楽しみだろう。色白でそばかすのできる人にとっては、ある時期、人生が難儀なものになるかもしれない。聴き惚れる歌声、2・0／2・0の視力、うっとりする美しさ……そういったものは運任せで、誰もが与えられた遺伝子を生きる。科学は人のあれやこれやの性質や特徴も受け継がれると言ってくれている。

後天的なものを引き出す要素は大脳がオープンしたときからどんどんそこに流れ込んでくる。母胎の中のあったかい、心地よい感触。ほっとする母親の胸の鼓動。サイコロが転がった先の親の趣味によっては、ハイドンの交響曲第74番変ホ長調なども聴こえてくるかもしれない。そして、何よりこの誕生期で後天的に最大の影響を及ぼすイベントが、フロイトや誰かも断言しているように、その出産のプロセスそのものだ。

これは、産む側にとっても春のお祭りのようなものではないが、産まれる側にとっては、とんでもない試練だ。残酷と言ってもいい。考えてみればわかる。そこに至るまでにきみたちが経験してきたのは、誰にも邪魔されることのない至福の境地、それだけであり、9か月間は心地よく羊水の中でぷかぷかしていればよかった。それが、きみたちにとっては存在することのすべてだった。究極の心地よさと言えるか。それ

に、場合によっては、ハイドンもつく。

と思うと、いきなりわけもわからずにそこを追い出され、頭が圧迫されるほどの狭いトンネルをくぐらされる。むりやり、ぎゅうぎゅう、あざができても、どこかにぶつかっても、その苦行が、場合によっては何時間も続く。そして、やっと、最後のひと踏ん張りで、急に広く、温度も低く、やたらにまぶしいところへポンッと飛び出す。腕も脚も宙をかき、頼りないことこの上ない。

狭いところに何か月も閉じこもっていたあとだから、何もかもが四方に飛び散っていきそうな気もする。顔をしかめ、バタバタし、泣き声をあげる。初めて耳にする自分の声までがわずらわしい。なんでぼくが？——そう思ったのではあるまいか。ぼくが何を悪いことをした？　で、そのあとは？　骨がよじれ、頭が締めつけられる。この、人生初の、外界での体験が究極のトラウマになる。ようこそ、この世へ、赤んぼさん。どう、気分は？

でも、そのうち、もごもごと何やらしゃべるようになり、そのうち、ある程度までは会話が成立するようになり、そのうち、よちよちではあるが歩けるようになり、かと思えばじきに、ドアの外まで出るようになる。世界、きみの世界だ。

本を読むことは他人の目で体験を積むこと

来る日も来る日も、子どもであり、人間であれば、試行錯誤を繰り返す。学習し、成長し、新しい自分へと進化していく。試行して錯誤し、試行して成功し、いつまでも、最後のときまで進化を続けていく。しかも、万物は流転す、だ。少なからず肝《きも》を冷やすこともある。子どもは、大きくなっても、どれどれと思い、恐る恐る手を出し、自分なりの答えを出している。ひととおりまわりを見回して、これと思うものを試着し、自分に合うかどうかを確かめる。表現は人それぞれだろうが、要するに知りたいのは、「自分はどういう人間だろう?」ということだ。だけど、いつもいつも冷静な自分でいられるわけではないし、何でも自分の好きなものを選べるわけでもないので、結局はよくわからないままになる。

それでも、そんな自分を助けてくれるものもある。「**人の手を借りずに大人になる人は一人もいない**」詩人のジョン・キャーディ[訳注2]もそう言っている。たとえば、本。大勢の人の経験がたくさん詰め込まれ、**人類の財産とも言える本は、思考を広げ、よりよいものにするのを助けてくれ、だから読むと、より広く、よりよい思考ができるようになる。**本は読むべきだ、いつでも、読みたい気分になったときは。

その影響は単に役に立つという域を超えることもある。たとえば、イーディス・ウォートン[訳注3]の『歓楽の家』を読んでみるといい。主人公のリリー・バートの生き方を知り、楽しめるだけではない。彼女が持っているさまざまな要素に自分と同じものが見えてくる。頭のなかでは、どんな物語を読んだときもそうだろうが、自分の一部として主人公の人間像ができてきて、それが自分の経験について、少し広い視点から、人間であるということはどういうことかを語りかけてくれる。作家はきみたちにじかに語りかけている。彼女の思考がきみたちの思考の一部になるのだ。

本を読むのはどんなときにもいいことで、役に立ったり、励ましてくれたり、場合によっては楽しい気分にさせてくれることもあるだろうが、やはり何より重要なのは発見があることだ。リリー・バートの物語を読んでも、『キャッチ22』[訳注4]のヨッサリアン大尉の話を読んでも、『アンナ・カレーニナ』を読んでも、チヌア・アチェベ[訳注5]の『崩れゆく絆』のオコンクウォの話を読んでも、ジャック・ケルアック[訳注6]の『路上』の主人公ディーン・モリアーティの話を読んでも、『変身』のグレゴール・ザムザの話を読んでも、誰の話を読むときも、きみたちは自分のあまりにも貧弱で、あまりにも限られた人生との出会いの経験を補うものを読み取っている。

本を読むことは他人の目で体験を積むことだ。狭い自分の世界を押し広げ、より広い視野で人間を見る目を養わせてくれる。だから、読書は自分を大きくする。自分を豊かにし、人によっては、高尚にしてくれることを望むかもしれないが。読書は同情と共感の違いや、それがなぜ問題かを教えてくれる。リリーの物語に読みふけったとき、きみは彼女と一緒に感じている。彼女のために感じているのではない。同時に、彼女が置かれている状況の危うさや、正面から立ち向かっていかなければならない問題も見えてきて、感じ取れる。彼女の経験はきみの経験になる。読書をすることによって、きみは内側から感じると同時に、そんな自分を外側からも見ることができ、より大きく、だからより賢明な視野を持つことができる。

もちろん、読んだことを参考に、学校では友達やまわりにいる子どもたちを見て、その効果を確かめることになる。テレビを見て、ウェブを検索し、親やきょうだいや、おばさんやおじさん、おばあちゃんやおじいちゃん、学校の先生や家庭教師の言うことも聞こえてくる。もしかすると、人生とは何ぞやということも考えるようになるかもしれない。手がかりは身のまわりに十分にある。でも、それが見えない。だから、まわりをきょろきょろし、場合によってはちょっと試してみることもあるだろう。そうすると、**経験はすべてただの経験にはとどまらず、実験になり、人生の勉強になり、自分を知るための手がかりになる。**

ぼくは物理のテストに備えて、朝の3時まで起きているようなタイプだろうか？ そんなこと、やろうとしてみるまでどうしてわかるのか？ わたしはスキニージーンズに赤いチャックテイラーのスニーカーをはくタイプだろうか？ はいてみればわかる。

放課後にアルバイトをするタイプ？ シャワーを浴びながら鼻歌をうたうタイプ？ 何でも他人のせいにするタイプ？ 先生のところへ行って説明を求めるタイプ？ 何でも親に決めてもらうタイプ？ カフェテリアに一人で座っていることのないタイプ？ うそを言って友達をかばうタイプ？ 食べるものに気をつけるタイプ？ 門限なんて無視しておいて、家に帰ってから要領よくカバーができるタイプ？ 特定のフットボールチームをひいきにするタイプ？ 詩を書くタイプ？ 不正に対して権利を主張するタイプ？ 宿題などはほったらかしてビッグバン理論の結果を見守るタイプ？ 思いついたことを何でもすぐにツイートしてしまうタイプ？ 世界史の授業で何ページも何ページも細かくノートをとるタイプ？ Tシャツをきちんとたたむタイプ？ まあ、どれも確かめてみないとわからない。

さらに、まわりから次から次へと投げかけられる疑問、質問の数々にも対応を迫られる。年がら年中、あらゆることについて、自分のことに限らず、またつまらないことで、会う人会う人にたずねられる。まるで拷問だ。今日は宿題、いっぱいあるの？ テストはできそう？ 弟の面倒を見てもらえる？ どこの大学へ行くつもり？ 週末は何か予定がある？ それを食べたいの？ 水槽を洗ってくれない？ 入部テストはいつ？ 大丈夫？ 変わりはない？

何と答えてよいかわからないことや、いまは答えたくないことについて、何とか口を開かせようとしているのでなければ、わざといやなことを言っているとしか思えない。ときには、言われていることの意味がわからず、相手が話をやめるまで、その眉から飛び出した長い毛をじっと見ていることもある。それで、何とかうまくやり過ごせるだろうか。向こうは返事を期待している。こちらは何も言うことがない、ひとことも……あとのことなど、知ったことか？

しかも、ティーンエイジャーであれば、サンドバッグのようにあちこちから頼みもしないアドバイスも投げかけられる。あるいは、何が何だかわけのわからない話を聞かされているうちに、まわりまわってそれがどこかでアドバイスになることもある。

だから、誰かに言われたとおりにしようとしていたら、誰に言われたとおりであっても、また、どんなに立派な人の言ったとおりでも、自分の責任を放棄したことになる。そんなものには従うな、自分で立ち向かえ、このままなら何も考えられない人間になるぞ。それで、そうしたらどうなるというのか？

それでも、こういうことを通して、きみたちは自分の人生ということになっているひとつの人生を送ろうとしていく。そして、たぶん、少しずつ、その何たるかが見えてくる。

ジェンダーの多様性を認めつつ……

きみたちの存在の中心になるもので、何であれ、切っても切れない関係にあるものはジェンダーだ。生まれたときに、誰もが真っ先に知りたがったこと、近くの人にも遠くの人にも真っ先に知らせたがった事実だ。女の子だよ！　男の子だよ！　この判断がつくまで、きみたちはただの「赤ん坊」に過ぎなかったのだ。

だけど、ここでは気をつけておきたいことがある。**わたしは、男の子と女の子、あるいは女の子と男の子について語られていることの多くに明らかな例外、重要な例外が存在していることを十分に認識しており、その存在を尊重する。**仮にわたしの記述に不快に感じるものがあるとすれば、先におわびしておく。あくまで念には念を入れて予防線を張っているだけだが、わたしは三十数年前に大学でおおむね退屈な社会学の講義を受けた以外に正式の訓練も教育も受けていない。少しでも不快な思いをすると思った方は、どうぞ以下の部分を飛ばして読んでいただきたい。

最初に要点をかいつまんで申し上げておこう。ジェンダーは多様だ。ときにはこの世に女と男の二つの現実しかないことが不思議に思えるほど多様だ。最終的に、わたしたちは性に基づいてかたくなに形成される存在様式の中に収まって生きていく。当然、性別はわたしたちが思っている以上にわたしたちの考え方や行動に影響を及ぼす。その結果、わたしたちは現実をありのままに認識できなくなるほど、ますます完璧に男らしさや女らしさを生きようとする。これまではそうしてやってきた。

では、それで自分を正しく認識できるのか？　ほんとうに客観的に自分に与えられた命を見つめたことになるのか？　わたしたちはどのようにして自分の、また、そのまわりを取り巻く世界の確かな意味を突き止められるのか？　もう一つの性、人間の経験の残りの半分について、どうすれば少しでもわかったふりができるのか？

　これも最初にお断りしておこう。わたしは男だ。これまでずっと、それで通してきた。1958年9月から、この肉体とこの思考回路を授かり、この文化の中で暮らしてきて、さまざまな行動をとり、さまざまな経験を積み、さまざまな男と女を眺めてきた結果、男の視点が養われ、男として行動するように仕向けられてきた——いや、というより、まわりの男たちの間により広く見られ、男のしるしになっていて、だから男と認識される考え方や行動を身につけてきたと言ったほうがいい。

　たとえば、誰も見ていなければ、食事と食事の合間に、あるいは何かのついでに、わたしの知っている女の子などより頻繁に、ミセス・ブレイクのブルーベリー・ピーチ・パイを缶からじかにつまみ食いしていただろう。悪いことも、書いていったら一冊の本ができるほどたくさんやらかしていただろう。面倒くさいから、手を洗ってからズボンで手をふくことも多かっただろうし、同じ靴を4日、5日、6日と続けてはいていても何とも思わなかっただろう。水も、キッチンの流しに身を乗り出して、蛇口から直接飲む。それに、ちょっとそこまでだから、家のことだからと言って、下着のシャツのまま外出することも多い。

「男には外の世界が必要なんだよ」あるとき、夕食の席で妻のきょうだいのジョンが出し抜けにそう言い、以来、毎日のようにその言葉が頭の中をよぎっている。わたしは電動工具を使うのが好きだ。表向きは、あまりあわてた様子は見せない。くだらないおしゃべりも、がまんに限度がある。買い物は苦痛だ。車に乗るなら、やはり運転したい。道に迷っても、止まって道をたずねるより走りつづけて遅れるほうを選ぶ。ばかげているかもしれないが、それが本音だ。こうしたことがすべて、少なくともどこかでジェンダーと関係していると思う。

男は大きなものの自由さにひかれ、さらにそれを超えて冒険することにやりがいを感じる。結果的に、めぐりめぐってニワトリと卵論争につながることもあるが、それでも、枠が広がるだけでも放し飼いの解放感が増す。大きくて、速くて、強いものにもあこがれる。用を足すのも簡単だし、月のものにも縛られない。わたしの見るところでは、女は小さなところに闘志を燃やし、そこをやりくりすることにやりがいを感じる。おそらく、目の前のことをしっかり把握していたいという気持ちが働くのだろう。人によっては、それを「現実的」と言うかもしれないが、この言葉にはいろいろと解釈のしようがある。

男は自分たちの言う「大局」を見て、そちらへ向かってまっしぐらに進んでいこうとする。女にとって大切なのはディテールであり、何でもみんなで話し合うことである。彼女たちは一般に「外の世界」を必要としないし、とくにそれを望むわけでもなく、代わりに目先の用心しなければならないことや何かを箇条書きにしてできるだけそつなくこなそうとする。そして、最終的にはそれを、どうしてそうなるのかわからないが、大人の男の役目だと言う。男にはそれがつまらないことに思える。おそらく、ひとつには男たちが肉を求めている間に女たちが家を守っていた狩猟採集民の時代の名残なのだろう。いずれにせよ、わたしたちは、力を合わせようがばらばらだろうが、生活の拠点を大切にする傾向があり、状況が許す限り、そうすることが社会的規範になっている。

近頃では、幼い女の子たちが誰に言われたわけでもないのに、きちんと、上手に、表現力豊かに塗り絵を描いている。創造的行為のなかでも潔癖さを保つのはあの子たちのずば抜けた長所だ。女の子は輪郭やルールや手順を重んじ、それらのなかで輝くことを好む。世の中のものごとにもまさにそうあってほしいと望む傾向がある。

一方、男の子たちは潔癖さになどかまっていられない。そんなものよりどこか超越した効果を優先する。ルールは牢屋のようなものであり、正確さは自由を縛る圧政のようなものだ。塗り絵の輪郭が守られているかどうかが指を細かく動かす能力の発達速度と関係するのは一部の話でしかない。気分を自由に発散できる感覚は、男の子にとって、はき古したスニーカーに足を入れたときの感触のように心地よい（ついでに言えば、はき古したスニーカーの感触はほんとうにいいものだ。それが証拠に、わたしには27年越しのつきあいの一足がある。同居している女性から捨てることを強く勧められているが、捨てられない）。

男の子と女の子は互いの姿からも、世間の男女が織り成す人間模様からも、次第に人の態度や行動が性別によって違っていることがわかってきて、それぞれ、彼もしくは彼女が自分にふさわしいと思う方向へ引きつけられていく。彼らの人生がレールに乗ったことを示す証拠だ。

ほとんど生まれた直後から、ジェンダーの区別は髪の長さや服装やおもちゃや遊び方に表れる。興味や好みや態度にもだ。それに、4歳か5歳で初めて教室というところへ入ってからも、たまたまなのだが、とくに年少になればなるほど、ほとんど女ばかりの先生が前に立って、「はいはい、坊やたち、お嬢ちゃんたち……」あるいは「お嬢ちゃんたち、坊やたち」と前置きをする。そういう言葉が積もり積もってどういう影響を及ぼすかはわからないが、一つ、「はいはい、背の高い子どもたち、背の低い子どもたち……」「ユダヤ教のみなさん、キリスト教のみなさん……」「黒人の子どもたち、白人の子どもたち……」とは言わないことは指摘しておいてもよいだろう。

そう、性別は一人一人の子どもを全体として包み込む大きな違いだが、子どもたちのほうも性別がほかの違いとは違うものだということを学び、感じ取っている。だから、わたしたちも、体の機能を見るようなときは部屋を区別している。そして、もちろん、性別に関係する表現にも慎重に気を配っている。

それほど昔のことではないが、この点については、きわめて意識的に配慮が払われていた時代があった。進歩的だった1970年代の初め、ヒッピーがあふれ、フェミニストが街を行進していた頃、中学生だったわたしたちの体育の授業は男女で分けられていた。体育館の中では、収納式の壁の向こうからバドミントンやカニサッカー[訳注7]をする女子のワーワー、キャーキャーという声がわたしたち男子生徒にも聞こえてきた。女子が家庭科で料理や裁縫をしているときは、男子は技術でおがくずにまみれながら釘を打っていた。そういう時代はもう去ったが、ところどころに面白い残骸が残っている。わたしがこれまでにいたハイスクールの教室やカフェテリアでは、たいてい女子も男子も自分で選択すれば同性同士でかたまって座れるようになっており、ちょうどホルモンの活動が元気いっぱいになる時期に当たっているため、ほっとできるということで歓迎されている。

また、思春期の女子は宿題についてもよく気を配り、細かいことも間違いないと思う。女子生徒のノートはきれいだ。教科書やカバンも大切にし、きちんと整理整頓ができており、文字も読みやすく、見た目も美しい。姿勢もよく、協力的なところも男子より上だ。よく気がついて、行儀もいいので、当然、成績もよくなる。一般に、時間にきちょうめんで、反応も早く、思いやりを示さなければならないようなところでもすぐにそれが表現できる。伸び伸びしているのも女子のほうで、彼女たちは芝居の真似事もやっているが、自分たちだけで面白がってやるときは、よく男子の見ていないところでやっている。競争でも、正面切った競争であれ、裏での暗闘であれ、抜け目がない。女子には、男子に足りない戦略性がある。アンテナは常に張っている。心の中のノートにも、常にメモを書き足している。まあ、策略家という点では、男子より一枚も二枚も上だろう。

その上、文化的にプラスされるものもある。ヘアスタイル、化粧、アクセサリー、ファッションセンス、自分を素敵に見せる贈り物。*1 これらはすべて、多分に女子に特有のものであり、思いのほか、レベルも高い。そこへ行くと、男子は鈍い。女子の目から見ると、男子は自分のことしか考えられない幼稚なのろまであり、おおかたからっぽ——どっちに飛んでくるかわからない泥の塊のようなものだ。それでも、そんな一人一人の間に、やがて引きつけ合う力や反発する力がはたらいたりするようになる。

この点に関係するのは、文化的に見て、女子の外見だろうか。関係ない人はほとんど関係しなくていい重要なポイントだ。男子にとって、「かわいいな」「いい感じだな」と感じる瞬間は気を許したときに訪れる。一所懸命になっているときは、目当てのものはどんどん遠ざかっていく傾向にある。一方、女子のほうも（それとなくにせよ）注目や称賛や欲望を引きつけようとしている自分の内面をうまく調整しなければならない。心を通わせ、成就するのも、そうたやすいことではないのだ。

しかも、女子が自分でできることの多く、いやほとんどがテクニックのたぐいであり、通常はファッション雑誌か何かのただの受け売りで、あちこちからいろいろと突っつかれる要素を持っている。髪に始まって、まぶた、頬、唇、手足のネイルと、生まれながらの色をとどめているところはどこにもない。まつ毛もあんなに濃く、長いはずはない。顔の肌もあんなにパーフェクトになめらかであるのはおかしい（「神から授かった顔を、あなたは別の顔にしている」ハムレットも激怒してそう言っている）。香りだって、あんな香りが自然に香るはずがない。眉だけが手つかずでどこか不自然になっている子もいるし、脚や脇のそり残しもバツが悪いものになる。

この頃では、ハイスクールの生徒の間でも、ある程度の外科的修正を施すのがはやりになっている。着るものも、いや、着るものはとくに、性的魅力をあからさまに引き出すのではなく、照明弾のように、パッと一瞬、女を感じさせるように仕組まれている。そうしたものに、頭を曇らせ、時間も使い、金もなげうって取り組む。

さらに言えば、文化がファッショナブルと見なし、だから一般に女を魅力的に見せるとされるものには、えてしてその子の物理的な運動の自由度を縛ってしまう傾向がある。その結果、女子はただそこに突っ立っているだけになる。座ったら、いや、寄りかかるだけでも、もっと生の魅力が出せると思うのに。そう、あれはもう「生」ではない。現実ではないのだ。

不思議なことに、それでも程度に違いはあるにせよ、ほとんどの女子はそうすることを望んでいるように見える。楽しいみたいだ。男子はそれを見たとたんに息を飲み、うっとりし、目がうつろになる。彼らの多くはビーチへ行くのを日課のようにしている。だが、よく考えると、自分のほうも魅力的に見せたいのだが、どうしたらいいかわからず、結局は成就の確率を考えて、そんなことにいちいち気を遣っていられないということになる。ともあれ、そうして、現実には、何ごとにつけても、女子の考えていることは男子の理解の遠く及ばないものになり、女子はそれを心得ていて自分たちに有利になるように生かし、男子にはそれが不公平に思える。

男子はもちろん、思い込みにも支配され、普通は自分を何とかかっこよく、強そうに見せようとする。理想とする男性像だ。人に頼らず、何ものにも縛られず、いつも平然としている。背が高くてがっちりしているのも悪くない。この方面で自分の不足に気づかされるのは何とも悲しいものだ。「ローンウルフ」は、男子がほとんど神聖化しているかっこいい男の代名詞のようなもので、親や先生やカウンセラーや家庭教師から、こうしなさい、あなたはここがこうだからダメなのよ、などと言われても鼻で笑っている。

それに、女子は何ごともそれはそれはよく気にするものだから、男子はついつい大雑把になり、無関心を装いたくなる。何はともあれ、それでほどよくバランスがとれるのだ。そうしておいて、彼らは自分の身なりなんてまったく気にしていないふりをする。靴のひもがほどけていても、ズボンが少しずり下がっていても、ちょっとちょっとと声をかけるだけ無駄なことがよくある。どこかアウトローっぽい雰囲気を漂わせながら、廊下をうろつき、椅子にだらりとへたり込み、ノートは乱暴に扱い、リュックはゴミ箱代わりにして、おおむねやんちゃなものにひかれる。また、程度の低い冗談も言い、たまには生意気な相手をボコボコにすることもあり、いつまでも『ビッグ・リボウスキ』[訳注8]を気取っている。デュードはやはりいるのだ。それが彼らの思う男のあるべき姿であり、おかげで彼らにもそれを表現できる貴重な機会ができている。

こうしたもののどこかに、男子も女子も自分を引き比べる暗黙の思春期の基準が存在する。誰が何に従っているかはわからない。特定の誰かなのか、理想の存在なのか。現実の存在なのか、想像の中の存在なのか。あるいは、彼らの中の得体のしれない衝動なのか。いずれにせよ、通常はそれを明確にすることもなく、女子はせっせと人前で自分をどう見せるかに気を遣い、男子はランチに何を食べるかばかりを気にする。これは彼らの自意識のありようや異性に対する感じ方に影響しないわけがない。

だが、そんなの、大昔からのことではないのか？『ハムレット』はレブロンや資生堂が棚に並ぶ4世紀も前に書かれた。[訳注9] その2300年ほど前、ようやく西欧文明が自分の脚で立ち上がった頃には、ホメロスという正体不明の人物が、ヘレネーが人を振り向かせ、少なくとも間接的には駆け落ちの船を出させるコツも多少は心得ていたようなことを書いている。バトシェバ、イゼベル、サロメ……彼女たちもそれぞれに自分のカードを持っていて、それを切った。それが、力のない者にとっては力だった。力のあったクレオパトラだって、単に巧みに人を魅惑しただけではなかった。

だから、これはもう、あのセンセーショナルなアフロディテがホタテ貝から一歩外へ足を踏み出したときからずっと変わらないことだと言うしかない。あるいは、イブが肋骨から生まれたときからか。それで、女子はダンスパーティーのときも、デートをするときも、結婚するときも、相手が先に誘ってくるのを待たなければならないという文化があるのなら、それは彼女にある種の受け身の姿勢が期待されているのだよと言っているようなものではあるまいか。女は欲望の対象になり、転がり込んでくるものを待つべきなのだと。結局のところ、ジュリエットだって、ロミオの家のバルコニーの下まで行って、草むらに立ったりはしなかったではないか。

かたや男子は――アキレスも、アイアスも、オデュッセウスも、テレマコスも、その他諸々の男たちも――かっこいいことをしたがる。できればそこにバーベキューもついていれば、なおいいのだろうが。

このように世の中が決まった役割を押しつけてくる傾向は、ずいぶんマイルドになり、あからさまに口にされることもなくなったとはいえ、今日でもまだ存続しており、学校では、女子は選択のときが来ても人文科学や芸術のほうへ引かれ、数学や科学や工学の道に進むのは男子にまかせる傾向がある。**若い人たちは、男子も女子も、会社での昇進や昇給の機会に不平等があることを知っている。**性差別があることを知っているのだ。そして、進路は性別が仕向ける方向へ曲げられていき、あらゆる場面で葛藤が起こる。

新生児室の毛布をピンクにするかブルーにするかに始まり、脇の毛を剃るかどうか、詩集や小説を読むか数学や物理に打ち込むか、企業の給与体系、鳥やハチになぞらえた初期の性教育の話にいたるまで、あらゆるものが明らかに性を基準としており、きみたちがどういう人間で、まわりからどういう人間と見られるかも、その結果によって決まってくる。それをどう選択して生きていくか、それは可能な限り、きみたち自身にまかされている。だから、どうか、「汝自身を知る」ことだ。

友情の化学反応を起こそう

きみたちには仲間もいる。家族は性別と同じで、生まれながらのものだが、友達は自分で選択する。その結果、なるほどな、と思えるものが見えてくることがある。

まずはその点から……。

9年半前のあるひんやりとした春の午後。いまこれを書いている家に引っ越してきてから数週間後のこと。わたしは長男が野球をするところを見に行っていた。となりには、対照的に7人きょうだいのいちばん最後に生まれた男の子を見守る父親が立っていた。うちの長男はその子と同じ3年生のクラスに転入し、さっそくその子と友達になっていた。小さな男の子が二人、ぶかぶかのユニフォームを着て、耳に引っかかっていなければ頭全体がすっぽりと飲み込まれてしまいそうな帽子をかぶり、走りまわっていた。わたしはトムと、リトルリーグの子どもの父親たちがよくやるように、並んでフェンスにもたれて話を始め、いつしか彼の、7倍もの経験に裏打ちされた見識に信頼できるものを感じていた。

両方の息子が小学校で、またその先で、いろいろとやらかすことの話になったとき、彼は賢人然として、まるでギリシャ人のようにこう言った。「一度ご友人と会わせてください。これからどうなるか、言い当てますから」

数か月前に、いまでは髭が生え、声変わりもし、それでもまだ親友のままでいる彼のマイクルとうちのデイビーは最後の野球シーズンを一緒に終え、地元のハイスクールを卒業した。彼の言ったとおりだった。友達の選択にはその人の持っているものが表れる。水が低きに流れるように、人もいちばん落ち着く仲間を求める。だとすると、わたしたちがまさにそうだった。選択するところがミソだ。

自分のために他人を操縦しようとする人は友達とは言わない。誰もほんとうに友達だと思っている人にいちいち承認を求めようとはしない。友達は成績表や大学の願書に書き足すようなことでもない。その意味で、友達は心の中の羅針盤のようなものだ。子どもは友達の中に自分がいいと思うところを見出している。その思いは、少なくともわたしの経験では、生涯を通してほとんど揺らぐものではない。友達と会わせてくれ、そしたらこれからどうなるか言い当てるから——なのだ。もちろん、その前に自分がどうあるかがまず問題なのだが。

人間として深いところで認め合うこと、広い気持ちで受け入れること、それが友達には不可欠だ。友達の姿には自分の姿も反映され、それもまた、ためになる。一緒にいると、お互いの考えが刺激され、伸び伸びしてくる。ときには、夜中の12時を回ってしまうこともある。ありのままの自分を素直に出せ、そこから宝石の原石のようなものが見つかると、それでまた一緒に盛り上がれる。逆に、つらいことがあったときも、心は一つだ。友達は分身のようなものだ、とプラトンも言っている。

友達というのはお互いに認め合っているもので、だから、必要とあれば——いや、ときには必要がなくても——頭をパチンとやるくらいのことは許し合える。友情には、わたしたちにとってほんとうに大切なものが存在する。この世を生きるうそ寒さのようなものを温めてくれるものだ。「結局のところ、人の経験は自分の枠から外へ出るものではない」ニーチェがそう言っているのも間違いではないだろうが、友情はその現実に対して、かなりのところまで何とかしようとする試みだ。**最終的に、無二の親友というのは人生に多くの楽しみをもたらし、単純だが、深い満足感の源になる。**わたしたちの経験に意味を持たせ、生きてきてよかった、と思わせてくれるものだ。

ほとんどのハイスクールの生徒にとって、こうしたことはすべて二重の意味でほんとうだ。いや、三重か。

ほとんどのハイスクールの生徒にとって、友情は何より心の中で確かに実感できるものだ。友達は集団の中の自分を個として認めてくれる。友達の存在は磁石のN極のようなものであり、自分の存在証明のようなものであり、同志だ。これはきみたちの場合にも言えるのではあるまいか。毎日、戦場のようなところに駆り出され、両親や先生やコーチや家庭教師の前で、自分の能力を超えたことまでやらされる。大人だらけの戦場だ。彼らはこちらがしたくないことでも、そこそこ、あるいは、完璧と言えるレベルまでやらせようとする。だけど、友達といると、リラックスでき、気軽に好き勝手なことを言い合って、笑っていられる。

友達といたら、そのときにいたいと思う自分のままでいられ、ときおり、これがほんとうの自分だと実感する。無防備な自分をさらけ出していて、何をしようと、何をしまいと、それでいまの、または来週、来年、あるいは何年も先の自分がどうなるかなんてことは気にしない。きみは単純にきみなのであり、それで十分なのだ。

だけど、だからといって、**似た者同士が友達になるということではない**。そんなことをするのは何と無駄なことだろう。何と退屈なことか。友情の化学反応というのはもっと複雑だ。磁石もN極とS極が引き合うように、人間と人間も同じだ。しかも、普通はこれが流動的に起こる。確かに、似ていることがポイントになることもあるかもしれない。だが、それが絶対ということはない。

何度も目にしてきたことだが、人の気持ちは何年もの空白を乗り越え、場合によっては何十年もの空白まで乗り越えて、その間にまったく違った生活をしてきても、再会したとたんにその空白の期間は消えて、おー、元気だったか、となる。マイクルとデイビーにも、いつかそんな日が来ると思っている。きみたちにだって、来るだろう。ときを超えて、自分にとって何より大切なものや人に再会する瞬間だ。ただし、この場合には、あまり詮索するとすべてを失うことになる。友達と言える存在がいて、その彼または彼女が目の前にいるというだけで十分だ。親しみ、共感、信頼感――口には出さないそうしたものが湧いてきて、胸はいっぱいになる。自分の友達のことを考えてみるといい。彼らなしに幸せな暮らしなんてありえないと思うだろうか?

ところが逆に、ときにははっきりと、苦々しい思いで、彼らがいたら幸せな暮らしなんてありえないと思うこともある。**友達は何もかもずたずたにすることがある。頭痛のタネになり、重荷になり、目の上のたんこぶになる。そして、ときにはとんでもない面倒に巻き込むこともある。**こちらが夜遅くまで起きて物理の問題を解いている間に足のネイルの手入れをしたり、新作の映画を見たりしておきながら、一時間目が始まる直前になると、さも当然の権利のように、宿題を見せてと言ってくる。

友達はほんとうに、どうしようもない人間になることがある。わざわざこちらを困った立場に追い込んでくる。彼らはきみのいないときにきみの話をする。言ってもいないことを平気でツイートしたり、フェイスブックにアップしたりする。よくあるのは、意図的に気にさわることや、つまらないことや、せつなそうなことを言って絆を確かめることであり、問題はすべてこちらにあるようなふりをする。そして、ネット上の発信をやめようとしない。自分たちのことをベラベラとしゃべりまくる。こちらが求めてもいないアドバイスをよこし、言うつもりのないことまで要求してくる。そして、こちらが何か言うと、またみごとにすべてをぶち壊し、すべての責任をこちらに押し付けてくる。

　でも、そういうことがあっても、おおむね、きみのその友達を好きと思う気持ちは変わらず、向こうもきみのことが好きなのだ。きらいなのに好き——そんなことは筋が通らないはずだが、そうなのだ。かくして友情は続いていく。

　そして、また厄介なことに、友達は影響を及ぼし合う。心の絆を保ちながら、きみたちは他流試合に出て自分を試し、まわりの反応に耳を傾ける。このプロセスは、家の中でも学校でも何か経験するたびに学習効果をもたらし、自分がなろうとする人間像の核を形成していく。

　文化もこれを促し、ビーチなどでは、ほとばしる若さやセクシーさや感傷や友情が入り混じったオーラの中で青春神話の体験が繰り広げられていく。『アメリカン・グラフィティ』『グリース』『初体験／リッジモント・ハイ』『ハイスクール白書 優等生ギャルに気をつけろ!』、さらにはハリー・ポッターシリーズだって、青春映画はかぞえあげたらきりがないほどあり、その中では、親は間抜けの役立たずで、教師はめちゃくちゃで、子どもたちは友情で結ばれ、実際の学校にはありえないかっこいい世界が展開されていく……それらすべてがわたしたちの抱くハイスクールのイメージに影響し、わたしたちの一部になっていく。その結果、誰も彼もがレターマンのジャケットのいずれかのバージョンや人目を引くいかした車をほしがり、ラジオでウルフマン・ジャックを聴き、ちょっとした非行に走り[*2]、最高だぜと声を張り上げる。そして、子どもたちはまだ到達してもいないハイスクールにノスタルジーを抱くようになる。こうしたことの中心にも、原理上も、現実にも、友情というものが居座っている。

(今日では、ときにヴァーチャルな関係が主体となる友達関係の中に、オンライン上のものがある。この「友達」はきわめて実質が希薄で、距離が遠く、仮想的なものであり、完全に本来の意味を失っている。誰かの行為はすべて衆人環視のもとに行われ、場合によってはどこまでも公開されたものになり、失敗もまたしかりだ。オンラインの友達は一度も会ったことがなく、場合によっては会話するにも緊張するような人なのではないかと思えることがあり、通常は現実にそのとおりになる。彼らは排除するのも難しい。このような友達関係を続けていてどうなるかは、わたしにもわからない。おそらく、用心しながら続けていくことになるのだろうが。)

それでも、わたしたちは仲間を求める生き物だ。もしかすると、友達などいなくてもいいかもしれないのに、わたしたちには、現実に友達と言える存在がいることが何よりその証拠と言える。ジャック・ロンドン[訳注10]の寓話『火を熾《おこ》す』に描かれた名もない孤独な徒歩旅行者のことを思い出す。彼はきみだ。彼はわたしだ。彼の内面では、人間の内面で起こることが起こる。彼が自力で踏破しようとする何もない氷の世界はどうしようもない現実だ。残酷なまでに人を寄せつけず、まったくやさしさのかけらもない。唯一の友である犬も、自分のニーズにさえ応えてくれれば、あとは彼のことにかまわない。人間が一人で生きていくとはどういうことかが描かれており、結果はまさに絶望的な独善の世界に陥る。男は友達の忠告を無視することを選択し、氷点下55度の世界に一人で足を踏み出していく。偉業とは何か、と男は考える。大丈夫だ。自分にはできる。それを見せてやる、と。

だが、大丈夫ではない。ちょっとしたへまをして、そのへまからすべてが崩れていく。彼が得られたのは「尊厳をもって死と向き合う」というわびしい自己満足でしかなかった。やがて、やむことのない冷気に包まれ、彼は息絶えていく。

ロンドンの登場人物の男は孤立を誇りに置き換えていく。危険を想定したストイシズムを勇気に置き換えていく。だが、どちらにも喜びはない。また、もちろん、それほど長い未来もない。誰も、友達の重要性を認識するために、荒涼とした凍てつくようなクロンダイク地方をとぼとぼと一人で歩く必要はない。

J・D・サリンジャー[訳注11]のホールデン・コールフィールドも孤独にさいなまれる。彼にとっては、マンハッタンの街の景観があれほど多くの人がいるのに寒々とした不毛の大地のように見えてくる。きみたちのような標準的なティーンエイジャーにとっても、これは当然のことだ。友達はもう一人の自分であり、一緒にいると、何となく、でも確実に、自分の世界がその皮膚や意識の境界を超えて広がっているような気分になる。だからといって、自分の存在が永遠に不滅のように思えたり、いつでも絶対に孤独にならないように守られているように思えたりすることはないのだが、これはとてもいいことには変わりない。**誰かとつながっているということははっきりと感じられ、それが心の支えになる。**

自分にとってあたりまえのことでも……

汝自身を知ること。これは絶対に不可欠なことだ。

さらに、きみの体はほとんど水でできていて、何兆個もの——重さに直すと数ポンドほどの——細菌の宿主になっていることも心得ておいたほうがよいかもしれない。現に、きみたちの体の中には、それを構成している細胞の数より10倍も多い微生物が生息している。だから、数を基準にすれば、きみたちの存在は「人」と言うより「虫」と言ったほうがいいかもしれない。

もう一つ、知っておいたほうがよいのは、きょうだいの中で何番目に生まれるかによって性格が変わってくる可能性もあることだ。また、人は習慣によって作られるだけでなく、住んでいる環境にも左右されることも知っておいたほうがいい。目にする光景、体験する天候、さまざまな道理を教える慣用句、寝室の窓への明かりの差し込み方、地元の文化のあれやこれや、風の香り――そういったものもきみたちの人間形成に影響する。それに、**自分にとってはあたりまえのことでも、ほかの誰かにとってはそうではないことも忘れてはならない。**チロル地方の子どもたちは山にいちいち見とれるだろうか？　モンゴル人はヤクを見て驚くだろうか？　それでも、彼らがきみたちの住む街を見たらどう思うだろう？

だから、きみがどういう人間かは、ある程度まではきみがどこにいるかにかかってくる。やさしいおじいちゃんやおばあちゃんでも、よく気のつくおじさんでも、律儀なベビーシッターでも、多感な年頃のきみのことを気にかけてくれている人がヨセミテから大自然の絵葉書をよこしたら、それできみの気持ちが大きく揺らぐこともあるだろう。それに、心の奥にひそんでいて、ときどきコツコツと歩き回り、悪知恵だの入れ知恵だのをささやきかけてくる何ものにも縛られない潜在意識に、よく考えてみることもなく飛びついてしまうこともあるだろう。

そして、いま現在、遠近を問わず、この緑の地球上には、きみと同じように夢を抱き、何かに関心を持ち、何かの必要に迫られている人がほかに70億人もいることも知っておかなければならない。

お勧めするのは何とも単純なこと、汝自身、すなわち、きみ自身のことを知ること。それはどんなに小さな発見でも、不思議や驚きに満ちている。

＊1　あるいは、自分が「勝った」と思わせる贈り物。どちらになるかは贈った相手による。

＊2　あるいは、ちょっとした非行ではすまない場合もある。普通はちょっと試してみるだけだった非行が以下の二つのうちのどちらかの結果に結びついた場合だ。一つは、試した者が、自分が間違いを犯したことを認識し、それが心の傷となって残る場合。もう一つは、彼または彼女が何らかの報酬を受け取れることがわかり、次の非行へと駆り立てられ、往々にして悪質の度も増していく場合であり、非行とそれが必然的にもたらす心の傷は、ますますひどくなる可能性があり、おそらくそうなっていくだろう。

訳注1　ジョージ・カーリン　1937～2008年。アメリカのコメディアン。放送禁止用語を多用してアメリカの政治や社会を痛烈に批判する笑いで人気を博した。

訳注2　ジョン・キャーディ　1916～1986年。アメリカの詩人。マサチューセッツ州ボ

ストン生まれ。

訳注3　イーディス・ウォートン　1862〜1937年。作家。アメリカのニューヨークの裕福な家庭に生まれ、ボストンの銀行家ウォートンと結婚後、1907年パリに移住、1913年に離婚。代表作に、映画化された『エイジ・オブ・イノセンス』がある。

訳注4　『キャッチ22』　ジョセフ・ヘラーによる小説。1962年刊。第二次世界大戦中のイタリアを舞台に、矛盾した軍規のためにいつまでも除隊させてもらえない米空軍パイロット、ヨッサリアン大尉を主人公に戦争を風刺した作品。

訳注5　チヌア・アチェベ　1930〜2013年。「アフリカ文学の父」と呼ばれるナイジェリアの作家。1958年に発表した『崩れゆく絆』は世界で1000万部以上売れ、50以上の言語に翻訳された。

訳注6　ジャック・ケルアック　1922〜1969年。アメリカの小説家・詩人。1957年に出版された『路上』は自らの放浪体験に基づいた自伝的作品。邦訳の題名は、1959年に最初に出版された際は『路上』、2007年に出版された新訳版は『オン・ザ・ロード』

訳注7　カニサッカー　バランスボールのような大きなボールを使い、カニのように横方向に動いてプレーするサッカー。初心者でも楽しめる。

訳注8　『ビッグ・リボウスキ』　1998年製作のアメリカ映画。大富豪リボウスキと同姓同名だったために、主人公デュードが誘拐事件に巻き込まれるハードボイルドなコメディ。監督はコーエン兄弟。

訳注9　ホメロス　紀元前8世紀頃のギリシアの詩人。『イーリアス』と『オデュッセイア』という叙事詩の作者とされる。『イーリアス』に登場するヘレネーはトロイア戦争の原因となった美女として描かれる。

訳注10　ジャック・ロンドン　1876〜1916年。アメリカの作家。50冊を超す長編・中編小説の他、200編もの短編小説を残している。『火を熾す』はその短編小説の代表作。

訳注11　J・D・サリンジャー　1919〜2010年。ニューヨーク市生まれ。代表作は『ライ麦畑でつかまえて』で、主人公が16歳の高校生、ホールデン・コールフィールド。

第2章

きみは金槌か、それとも釘か？

わたしの授業はこうして始まる

「学校の先生というのはまるで違う、とても大切だ、そうだろう？　成長過程にあって、これから世に出ていこうとしている人たちに影響を与えるのだから……」
チップスは、それまでそんなことは考えたことがなかった、あるいは、少なくともそんなには考えたことがなかった、とは言わなかった。彼は最善を尽くした。誰でも、それ以上のことはできないから。

——ジェームズ・ヒルトン著『チップス先生さようなら』

教師も人間

自分自身のことや何かを知ることはとても重要だ。それでは、きみたちに勉強する理由や方法を教え、きみたちが自分のことや自分が生きていく世界のことを知るのを手伝うために存在し、きみたちが生きている限りいつまでも、あとの人生に影響を及ぼすと見られる教師のことはどうなのだろう？

教師も人間なので、一部にはどうしようもない教師もいるが、その一方では、日々奇跡とも思える素晴らしい仕事をしているまさに驚嘆すべき教師もいる。ほとんどの教師はその両極端の中間だが。それはきみたちにもすでにわかっているだろう。ほとんどの教師はまじめで、自分の専門科目のことをよく知っている。生徒にも何とかよくしてやりたいと願っている。多くは難しい課題や、人によっては投げ出してしまうような重荷にも取り組んでいる。多くは、ヘンリー・アダムズ[訳注1]も書いているように、生徒たちに惜しみなく、永遠に残る影響を与えている。これは彼らにとって教師冥利に尽きることだ。それに、誰ひとりとしてただ生活のためだけに教師になった人もいないだろう。

あるいは、ゴージャスな魅力や地位や特権やスリルにひかれて教師になった人もいないだろう。教師というのは、通常は薄給で、感謝されることの少ない商売で、残酷なまでにやりがいを奪われ、どこか自分の感覚を麻痺させたり、無愛想で厚かましくしたりしていないとやっていられない面もある。だから教師は、通常は凡庸な人間や、ダサいかっこうをしたさえない人間や、尊大な人間や、怠惰な人間や、しみったれた人間や、時代遅れの人間や、退屈な人間や、風変わりな人間のたまり場になることもあり、その多くが身分を保障されている。教師としておいしい思いができるのは、せいぜいよくやったと頭を撫でてもらえるくらいのもので、政治的には疑われ、ささやかな喜びでがまんすることを求められ、教え子のマギーやマシューが出世していくのを見守るだけになる。

さらに、何もなければそれなりに楽しくやっていられる授業も、わずかばかりの寄付金や、目先のことしか考えない教育委員会や、怠惰な役人や、どっちつかずの校長や、やたらと興奮する保護者や、羊のような同僚たちや、横柄な子どもたちや、強情な子どもたち、生意気な子どもたち、無関心な子どもたち、アホな子どもたち、あるいは、それらのどれかとどれかの組み合わせに邪魔される。

そして、そういうことが度重なると、ときには、自分は教師ではなく、デイケアのマネジャーか何かではないかと思わされることがある。スチームの暖房機がごとんごとんと音を立てだしたら1時間がつぶれ、コピー機が止まったらまる一日がつぶれる。しかも、そうしたことに手をとられながら、学年会議や教科会議や職員会議の楽しみも忘れてはいけない――ほとんどが無駄話なのに。そこへもってきて、書類が雪崩を打って、やれ読め、やれ評価しろ、やれ対応しろと押し寄せてくる。

これはきみたちも知っておくべきだ。まあ、とうに知っているとは思うが。だけど、こうしたことがいろいろあっても、なお、わたしはここで、教師ほどいい仕事はないと申し上げておきたい。心の底から、あえて、手前みそかもしれないが、率直にそう申し上げておきたい。これほどいい仕事はない、と。

きみたちはそれもわかっているはずだ。なかには文句をつけたい人もいるかもしれないが、**ほとんどの教師は自分のしていることが大好きだ。生徒を愛し、教科を愛し、学校を愛している。**同僚のこともすごいと思っている。**彼らは授業をすること、教えることの意味を信じている。**

陳腐な言い方になるかもしれないが、教師が成功するか否かで、わたしたち人類の未来が決まる。ほかにそんなことを言える職業がどこにあるだろう？　そう、これも言い古されたことだが、教師は子どもを一人ずつ育て、未来を積み上げている。いい教師はそれを自覚している。日々、まさに自分の目の前でそれが現実となって起こるところを見せられるのだから。努力することの大切さに疑問をはさむ余地はない。そして、理想がものをいう。崇高な理想だ。それがあると、教師は面白い。場合によっては、あまりに面白く、明日になるのが待ちきれなくなるくらい面白くなる。そして、どこまでも果てしなく満たされていく。教師は多くのことを学ぶ。誰かの役に立っている、チームの一員として、子どものために、何かの役に立ち、自分がその子をどんどん好きになっていくこともわかる。そして、年々、大好きな人たちのリストがふくらんでいく。いいことをして、気分もよく、誇らしさも感じ、楽しくて仕方なくなる。

このわたしの場合も、26年間で一日も、ベッドから飛び起きて早く学校へ行きたいと思わなかった日はない。一日もだ。これは確かで、生徒からもよくそう言われる。わたしが教職で成功したことがあるとすれば、それはすべてここから来ている。

そして、否が応でも、よかれあしかれ、きみたちは教師から影響を受け、場合によってはそれがとてつもなく大きな影響になることもある。何もかもがそれで変わってしまう。何かの啓示を受けていいアイデアがひらめくこともあれば、無気力になることもあり、満足することもあれば、いらいらばかりが募ってくることもあり、その時間も、1時間のこともあれば、1学期続くこともあり、残りの人生ずっと影響を受けることもある。

だから、汝自身のことだけでなく、汝の先生のことも知ったほうがよい。

そこで、まずは1時間、授業の間、自分があのダサい靴をはいて、教師になったところを想像してみよう。

もし、きみが教師になったら……

きみの仕事は**生徒たちが自分のいちばんいいところを認識し、評価するのを助けることだ。その上で、そこを大きく育てていくすべも教える。**高めていくことであり、問題はどのようにすればそのようなプロセスが自然に起こるようになるかを考えることだ。だから、子どもを理解し、子どもと同じ視点に立って、子どもを信じること――ときによっては、それほどやさしくはないこと――が必要になる。十代の頃の自分がよみがえり、自分もまだまだ捨てたものではないことを自覚させてくれ、いろいろとためになる助言もしてくれる。そのような能力がない場合は、無理に続ける必要はない。

子どもといると楽しい、という感覚も必要だろう。愛情を持って彼らを見守ることができる能力であり、できの悪い子どもも例外ではない。というか、できの悪い子どもほど、多くのものを秘めているものだが。心底、子どものことを考えてやれないといけない。どんな子どもでも、どうすればその子がいちばん幸せになれるかということ、どんな大人になるかということ、その子がいまどんな状況に置かれていて、何を考えていて、何を考えていないかということを考えてやれないといけない。

一般的にも、個人的にも、彼らにとって何がベストかということをわかるところまでは行かなくても、少なくともそれなりに慮《おもんぱか》ることはできなければならない。また、表向きはそうは見えなくても、彼らにとって自分が大切な存在であること、場合によっては、なくてはならない存在であることも理解しておく必要がある。どの子に対しても、何があっても、いつも穏やかに、あわてず、辛抱強く相手ができなければならない。農作物を育てるときと同じで、教育でも小さな芽がどんどんふくらんでくる。

自分の仕事の内容をよく知り、情熱を持ってそれに取り組むことも必要だろう。いつでももっともっと教師というものを知りたいと思う。どうすればその枠の中でうまくいくかを突き止め、チャンスがあれば、新しい方向に挑戦して、いい結果を出していく意思と能力を持つこと。ごまかしはダメ。どんなことでも、ごまかしはいけない。そして、とりわけ子どもに何を勉強してもらいたいか、自分が彼らをどこへ導きたいか、その過程で彼らにどんないい思いをしてもらいたいかも明確にしておく必要がある。しかも、そうしたことがすべて学校や、生徒や、生徒の親御さんの気持ちとうまくかみ合ったものにするのも至極当然の話だ。何と言っても、きみはそういう人たちのために働くことになるのだから。

次に、自分が意図した結果を引き出すためのやり方も見つける必要がある。これには時間がかかる。実験し、失敗し、やり方を変える時間が必要になる。だからといって、何も問題はない。逆に、お高くとまって、そういう努力をしなければ、何も救いはない。それで当然だ。**自分がどのようなやり方をするにせよ、それが自分なりに相手のプラスになると思ってやっていることであれば、自然と相手に対する思いやりと要求が芽生える。**どちらか一方が欠けてもダメ。時間と労力の無駄だ。

どういう例を示すか、自分をどこまで出すか、ふだんのふるまい、話し方、いつ、どんなことで笑うか、どんなことに配慮を示すか、自分の頭で考える能力、楽天的な態度、まじめに取り組む姿勢……そういうものは、あふれんばかりの知識や、仰々しい教授法や、妙に先生ぶった態度よりはるかに重要だ。ある程度までは意識して演じることも必要かもしれないが、自分を偽る必要はない。何かを楽しんでいるようなときも、すっかりそれに夢中になっているようにしなければならない。

不思議なもので、好かれようと努力するのは無駄だ。こちらの気持ちとは関係なく、生徒は教師を好きになったり、きらいになったりする。意図的に好かれようとする努力は、どんなにそれとなくやっても逆効果になる。**そんなことより、自分を信じること、自分の中から湧いてくるものを信じることだ。**ただし、自分を好き放題に出せということではない。自分の政治的な考え方や宗教的な信条、大学時代のどんちゃん騒ぎのこと、子ども時代の苦労した経験、どんなに犬をかわいがっているかということ……そういうことはみな胸の奥にしまっておく。

そうこうする間も、何より大切なものは熱意——生徒に対する熱意、教科に対する熱意、来るべき明日に対する熱意だ。

いや、まだまだある。

仮に、五つのクラスを受け持ったとしよう（まあ、いまのわたしがそうなのだが）。それぞれ23人か24人の生徒がいる。[*1] 二つは2年生のクラスで、二つは3年生のクラス、あとの一つはシェイクスピアの選択授業のクラスだ。これらのクラスが週に5時間、9月の初めから6月の半ばまである(シェイクスピアの選択授業は秋学期だけだが)。年間の一つ一つの授業について、だいたいの予想をつけて、ハプニングの要素も残しながら、何をやるかを考えておかなければならない。生徒の興味を引き出し、フォローする必要がある——ときによっては、それほどやさしいことではないのだが。1年の間には、2万6000ページ以上の生徒の作文を読んで感想を書くことになる。そうしたことにも備えておく必要がある。これは容易なことではないので、十分に気持ちを引き締めておかなければならない。

生徒たちはすでに能力的にも見た目にもあらゆる側面を備えたそれなりの人間になっているので、その点に対する配慮も必要である。適性や素行に関係なく、もたもたしている子も、目から鼻へ抜けるような子も、**一人一人が教師から最善の注意を払ってもらう資格を有している。**どの子も、自分の時間を無駄にしたくないし、自分の関心や興味や誠実な努力を過小評価してもらいたくない。みな、希望に胸をふくらませて学校へ来るが、どこか少し懐疑的であり、(もちろん、きみの授業を受けてからではなく)たいていは事前にあきらめの表情をのぞかせている。

ほんとうに学校の勉強をしたいと思って来る子はほとんどいない。どの子も、学校の授業とは関係のないことで、しなければならないことやしたくないことをいろいろと決められている。ほとんどの子は、普通なら完全に忘れていてもおかしくないそうしたことをうまくこなしている。たとえば、特別進学コースの物理や数学の授業などだ。そして、次から次へと、彼らは息つく暇もなく飛び回っている。

また、なかには家庭内で病気、不和、喪失など、まわりからはわかりにくい大きな問題に直面している子どももいる。孤独。不安だ。飢えている子どももいる。ちょっとおなかがすいたから何かを食べたいといった程度の空腹ではない。多くは疲れ果てていて、一見すると元気いっぱいに見える子どもまでがそうだ。ごく一部には、ずる賢くたちの悪いうそをつく子どももいて、千年たっても見破れないこともある。落ち込んでいる子もいる。ある子は糖尿病で、別の子は聴覚に障害がある。ある子は新しい恋に舞い上がっているかと思えば、別の子はまた捨てられて苦しんでいる。ある子は父親が酒を飲み、別の子は父親が町の反対側にアパートを借りたと言う。芝居の役をもらえなかったと言ってくる子もいる。最近、それほど望んだわけでもないのにバージンを失ったと言ってくる子もいる。薬を飲んでいる子も何人かいる。

民族、人種、宗教の違いはいたるところにある。国や世界の情勢はほとんど知ろうとせず、関心がない。ひどい方向音痴に悩まされている子も一人か二人はいる。ある子はリストカットを繰り返す。どうしても女の子の胸を見るのをやめられない子もいる。軽い子から重症の子まで含めると、優に3分の1の子はニキビに悩んでいる。ある子は太りすぎで、黙ってそれを気に病んでいる。携帯電話は全員がすぐに手の届くところに持っている。歯列矯正のブレースがきつく、痛くてたえず目に涙をためている子もいる。土曜日に十字靱帯を切り、9歳の頃からずっと自分のすべてを捧げてきたバスケットボールができなくなるのではないかと悩んでいる子もいる。

また、得体のしれない恐怖に身を震わせている子もいる。カフェテリアで侮辱するようなことを言われ、かんかんになっている子もいる。どの子にも、好きなテレビ番組があり、好きな歌手がいて、親友がいる。どの子も互いにある程度の敬意は払っているが、まわりで見ていていいなと思えるほどの敬意ではない。どの子も教師一人一人に言いたいことがあって、もちろんきみもそんな教師の一人だ。どの子も内心では自分の成績をひどく気にしていて、それは彼らにとって、そんなはずはないと思えるものだが、全体としては、ま、そんなものかなと感じている。

こういう生徒の一人一人がきみを必要としている。きみの言うことについてくる。きみが何か言うのを待っている。いいことを言ってくれることを期待しているのだ。それに、こういうこともある。ほんとうに聞いたことをそのまま理解してくれているのか。ほんとうに言ったことをそのまま聞いてくれているのか。ほんとうに言いたいことを的確に言葉にすることができているのか。それらの条件が満たされたときに初めて、こちらの気持ちは伝わる。誤解の生じる要素はあちこちにある。でも、子どものほうはどの子も、何か新しいことを教えてもらいたい、面白いことを聞きたい、刺激がほしいと思って待っている。それを自覚している子どもは、ほとんどいないけれど。

きみたちの教師のことを知るには、そうしたことをすべて知っておく必要がある。

学ぶことは正解にたどり着くことじゃない

生徒でいっぱいになった教室の中が静まり返ったら、わたしのよくやる手だが、まじめくさった顔で「8(eight)の半分は何だろう?」と聞いてみる。「4!」とすぐさま返事が返ってくる。あんまりバカにしないでよ、と言いたげな口調だ。ふざけるな、とばかりに眉を吊り上げる子もいれば、互いに顔を見合わせて、この先生、おかしいんじゃないのと言いたげな視線を交わしている子もいる。何人かは黙って考えている。「4だよ！　そうだよ！　間違いない！」2人か3人は、英語の授業なのに何でこんな数学みたいなことをしているのと言いたげな顔をしている。

こちらは素知らぬ顔で、また少し教室の中が静かになるのを待つ。

「そこまでが限界かな？」そう言ってため息をつく。正解がたちまち限定され、そこから広がりようがないからだ。**簡単にわかる答えだけではどうしようもない**。これ以上考えさせていても仕方がない。すぐに返事をした生徒はもう答えが出たと決めつけて、腕組みをして、よくやったと肩をたたいてもらえるのを待っている。ただの勉強をしようとしているのとは違い、勉強をするわけや方法を勉強しようとしているのに。ちゃんとやれば、学校とは何をするところかを考える機会になる。そして、できるだけ多くの答えを見出すことが学校に来る目的であることも教えられる。これは大切なことなのだ。

だから、意味ありげに笑ってみる。そう、意味ありげに、どや顔で、もう一度生徒たちにこう言ってみる。「eと·iと、gの半分と言ったら、どうかな？」

生徒たちは目をぱちくりさせてこちらを見て、次に、ほかの生徒と顔を見合わせてにやりと笑う。わかったのだ。一人が身を乗り出して甲高い声をあげる。「ゼロかな、下半分か上半分だとすると！」

「いや、3だよ！」別の生徒も声をあげる。「半分だとすると」

「縦に半分に切った8は！　8という数字をべりっと引っぺがして、スーパーのハムみたいにスライスしたやつだよ」

生徒たちの発言は続いていく。

かくしてわたしたちは壁を飛び越え、あらゆる方向へ向けて新しい思考者たちが豊穣の大地に放たれる。それによって、わたしたちはみんなで冒険というものの意味を新たに定義したことになる。ホイットマンは人間の経験が共有できるものであることを称えている。クレインは、わたしたちは同じ舟に乗っていると言った。フィッツジェラルドも、何より個性が大切だと書いている。こうなるともう教師のお仕着せの、ただ成績のためだけに行われるつまらない疑似理解ではなくなる。

生徒たちはもう——すなわち、この境地に達したらあとは——ずっとわたしたちのまわりにあったものに新たな視点を提供し、新しい金塊をざくざくと発見していく。そして、遠い昔の著述家たちもよみがえり、その知が現代に生かされていく。彼らも、ほこりをかぶったその著作物の山も、テストのために詰め込むものではなくなる。現代のティーンエイジャーの誰もが気軽に手を伸ばすことができ、誰にも関係のあることが書かれた大切な寓話のアンソロジーになる。狭義の正解はそこで学習が終わるものではない。

現に、学ぶこととは、じきにわかるが、正解にたどり着くことではない場合のほうが多い。興味を持った生徒たちで埋まったクラスの中では、知的に劣っていることは――いや、知的に優れている場合でも――教師にもっと彼らを役立つ人間にしてやろうと奮起を促す材料になる。だから、わたしたちは腕まくりをして、彼らの前にさまざまなものを提示し、わたしたちに見えるがままのことを見ようとする。元気よく、やる気を持って、子どもたちは「何」よりはるかに多くの「なぜ」に立ち向かう。そして、学校の1時間は、それまでとは違った価値を持ってくる。

あるいは、こういうことをやってみてもいい。

生徒たちに、さあ、机の上を片付けて、何か書くものを出して、と言う。いやいや授業に出席していた生徒にとっては、喉がきゅーっと締め付けられる瞬間だ。何だよ、まったく、小テストかよ、何か宿題が出ていたかな、と彼らは考える。そこで、こちらは車座に机を並べていた彼らの間をまわって1枚ずつ紙を配り、こうたずねる。「きみたちは金槌かな？　それとも釘かな？」何だかちょっと、１９７０年代あたりにウエストコーストではやったニューエイジの心理療法っぽくなるのは認める。だからこそ、わたしはちょっとこれが好きなのだが。まあ、無理もないが、そこでうめき声がもれる。彼らはこれまでにもこういうことに耐えてきたのだ。でも、こちらはかまっちゃいない。「どうかな?」わたしは続ける。「ピッチャーだろうか? それともキャッチャーだろうか?」

天井へ向けておずおずと、質問の手が上がる。いらいらした生徒が一人、いや、二人くらいが、ついため口でこう問い返してくる。「何言ってんの?」もっと大胆に、「ふん、からかってんのかよ?」と言う生徒の姿も見える。だから、その横では、あ～あと顔をしかめてひそかにため息をつく姿も見える。見ていて楽しいが、こちらは何も答えない。

そして、さらにこうたずねる。「熊手かな? 落ち葉かな?」

その上で、最後にこう言う。「きみたちの答えをその紙に書いてくれ。10分あげるから」

ほとんど立ちどころに、教室内は静まり返る……まるで帷にとばりがかけられたように。10分という時間は十分とは言えない。それで哀れな子羊たちは成績をつけられるのだ。

ほとんどの生徒たちはきりきりする思いにさいなまれる。**まず反射的に、彼らは成績をつけるわたしが期待している答えは何かと考える。**正直に、思ったとおりに答えればいい、と考える生徒も何人か、いや、もう少しはいるだろうか。だが、大半は一瞬も自分を顧みることなく、また、正直に答えようかと迷うこともなく、答えは金槌／ピッチャー／熊手だと考える。まるでそう答えるのが常識で、それ以外を答えたら間違いになるかのように。

彼らは世の中の価値観を知っている。それに従うことで、いまはどうかわからないが、そのうち何かいいことがあると考えている。金槌／ピッチャー／熊手。なかには、これから忘れないように、そうだぞ、よく覚えておくんだぞと自分に言い聞かせる生徒もいる。ただ、ほとんどの生徒は、もしかすると自分は釘／キャッチャー／落ち葉のほうではないかということも一度は考える。だが、最終的には、言われたとおりにするのが彼らのおはこだ。それとこれとは別だよ、と考える。それに、ごく自然なことで、こんなことをしていったい何になるのか、この先生はいったい何を考えているのか、質問を受け付けてくれる人なのか、といぶかる子もいるかもしれない。

それでも、間違いなく、彼らは毎朝、まだ眠いのに起こされ、拷問のような授業を受けたあと、2時間ほど、たいして楽しくもないサッカーやホッケーやクロスカントリーの練習、ダンスや演劇やコンサートのリハーサル、テコンドーのクラス、大学進学適性試験（SAT）対策の予備校の授業、チェロ、ピアノ、クラリネットの練習といったもので走りまわったあげくに、抜け殻のようになった体を引きずって自宅に帰り、残ったラザニアやポークチョップや骨なしチキンのようなものを食べ、「今日はどうだった？」という親の尋問に遭い、「わたしが子どもの頃は……」というだらだらと続くアドバイスを聞かされ、4時間かそこら、宿題と向き合っている。「ぼくは（わたしは）金槌です」彼らはそう書きはじめる。

時間が来ると、わたしはその作文を集め、ドアのそばの青いリサイクル用のゴミバケツのところまで持っていって、そこに捨てる。目は大きく見開かれ、口はあんぐりと開いたままになる。「みんな、釘だよ」わたしは軽蔑したように言う。「自分のことを正直に考えてみることもなく、先生に言われるがままに、さらさらと作文を書いてしまうんだもんな」

多少サディスティックな喜びを感じながら、がっくりしている生徒たちを見る。

「誰一人として『いやだ』とは言わなかったじゃないか。誰一人として『どうして先生はやんないの？』とは聞かなかったぞ。みんな、言われたとおりにした……何でだ？　先生を偉いと思っているからか？　わたしが成績をつけるから、いい点をつけてもらいたかったからか？　わたしは教師で、きみたちは生徒。で、学校はこういうところで、きみたちは言われたとおりにするように訓練されているからか？」

この最後の一言にうなずく生徒はあちこちにいるが、あとのことを考えて、それ以上の反応は起こらない。みな自分が成績のことばかり考えていることは知っている。成績のため、すべては胸にしまっておくのが得策なのだ。静かな学習態度や和を乱さない協調心も成績の評価の対象になることもすでに知っている。

そう、このやり方はいささか卑怯で、ずるく、生徒に自分の頭で考えさせる効果はあまりないことは、わたしも彼らも知っている。わたしが何も言わないものだから彼らにわかっていないのは、これがハーマン・メルヴィル［訳注2］の『代書人バートルビー』の前座に過ぎないということだ。この夜、彼らはそれを読むことになる……いや、わたしから読んでこいと言われる。（何人かはオンラインで短い要約を見つける。それに対するわたしの唯一の防止策は、一握りの生徒くらいにしか効果はないが、それとなくあとで行う小テストの傾向を伝えておくことだけだ。）

ほとんどの生徒は、わたしが作文を読もうともしないものだから、内心面白くないと思っている。彼らは頑張って書いた。報いがほしい。「先生、作文の感想はどうなるのですか？」一人の女生徒がおずおずとたずねる。

こちらは逆に問い返す。「感想を聞いたらそれでいいのかい?」詰み、だ。あとは幕引きをすることになる。生徒のほうは「わかった」という返事が返ってくるものと思っていたから、この一言で戸惑う。だけど、こちらとしては、そんなことを言って一人一人の作文に感想を返したりしていたら、何を言っているのかわからなくなる。成績表を預かる大人はいつも態度を一貫させなければならない。だから、頭のいい女生徒が精一杯おべっかを使って「もちろん……いや……その……先生の感想はいつもとてもためになるものですから」などと言ったら、こちらはこう言う。「じゃ、これでいいね」

金槌か釘かの話はそこで終わるが、生徒たちの気持ちとしては――彼らはわたしを信頼してくれているのだが――彼らの作文を捨てるというわたしの行動はどうも教師の基本的な心得に反するように思える。辛抱強さが試されており、彼らはどうなるにせよ、次の展開を待っている。かわいい釘たちだ。

彼らは座っている。先にも書いたように、車座に机を並べて座っている。わたしもその中に交ざっている。「円卓の騎士」のような構図だ。円は同格、対等な関係のようなものを象徴する。わたしが生徒たちの間に座っているということは、わたしも一緒に勉強しようとしている一人、言ってみれば、生徒の一人のようなもので(ほんとうだろうな、うそだったら、さっさと荷物をまとめて家に帰らなければならないが)、そこで起こることに生徒と同じように関係している。

何か面白いことをやるんだろう、何か意味のあることをやるんだろう。わたしの存在がそう語っている。わたしもどうか自分がその一部になれますようにと願う。それも正直な気持ちだ。わたしが立ち上がり、教師らしい態度をとった瞬間、空気ががらりと変化する。車座になっていたみんなは互いに顔を見合わせ、相手の顔に浮かんでいるものを確認する。主にセキュリティ上の理由から、生徒たちは授業が変わっても同じ席につきたがり、自分の席を自分の固有の財産のようにしている。わたしはそれを認めない。生徒たちはかたまる傾向もある。男子は男子同士、女子は女子同士で座りたがる。わたしはそれもさせない。

クラスで会をするときは、そのつど、違う席に、違う人と並んで座らなければならない。わたしも含めてだが。席替えだ。**目に見える景色が新しくなるから、**と生徒たちには言っている。ほんとうのことだ。クラスは、車座になった全員が、ほどなく、糸を張って仲良しグループに分かれるのではなく、一つになって機能しはじめる。

授業時間はだいたい、特定の詩や散文の一節を読んで、細かいことや一般的なこと、部分的なことや全体的なことを話し合うのでいっぱいになる。わたしは解釈を示して説明をし、質問を投げかける。ただし、わたしの解釈も一つの解釈に過ぎず、わたしの意見も一人の意見に過ぎないことははっきりさせておくようにする。ほんとうはそんなことはなく、それはみんなも知っているのだが、大切なのは一人一人がどう感じるかだ。わたしは生徒たちの感想を引き出し、ほかの生徒たちの感想にも意見を言うように求める。どの意見も尊重する。言葉はできるだけ直接的で簡潔なものにし、少なくともある程度ははっきりとものを言う。

その上で、生徒たちの内面をつつきにかかる。**答えよりも大切なもの、質問を促すのだ。**何かをさぐろうとする姿勢、独創的な考え方、大胆な考え方は評価するが、えいやっと崖から飛び降りるような考え方は評価しない。鋭い洞察は期待しないが、やってみてダメなものはダメということははっきりさせる。生徒たちが話すことと考えることが違うことを理解する助けになることは、できる限りしている。反抗的な態度や無神経な姿勢で人をからかったり笑いものにしたりするのは叱るが、あくまでその生徒が穏やかに話を聞けるように、軽く、やさしくたしなめる程度である。

通常、思春期の行き惑った子どものすることは厄介なものである。軽い気持ちで人をからかっているのが嘲りに近くなり、場合によっては、まさに言葉の暴力そのものになることがある。長い時間をかけて穏やかに収まってくる場合もあるが、そうならない場合もある。妙に防御を固めると、彼らの心を閉ざすことになる。わたしは注意力が散漫になっているように見えたときもピシャリといく。大声で騒いだり知ったかぶりをしたりするのも、度を越すと認めない。**意見は質問や観察や内省を通してできてくるものであり、意見を持つにもそれなりの資格があることもはっきりさせるように心がけている。**

また、「……みたいな感じ」のような表現の濫用にも努めてがまんを心がけている。本書では、わたしも使っているかもしれないが。

多くの生徒は、とりわけ女生徒に多いが、自分の感想を述べるときに「……のような気がします」というあいまいな表現をする。もちろん、それでも自分が感じることへの関心の表明にはなっているのだろうが。（「……と思います」と書いたり、そういう表現をすべて省略してしまったりすると、強くなりすぎたり、矛盾が生じたりするのかもしれないが。）これは、不安な胸の内を、比較的広く認められている客観性に欠ける表現でごまかしている。気がするのであれば、たとえそれがどんなにかすかで、ぼんやりしたものであっても、話題に踏み込む資格は十分にあると理解される。だが、実際には、彼女はその議論に参加したことを認めてもらいたいだけである――参加したとなれば成績につながるので――自分の意見の有効性が認められなかったときのために、あいまいで主観的な表現で予防線を張っているのである。それに、まわりの友達も絶えずこの表現を使っていて、生徒の間で普通になっていることが正当化する根拠となっている。わたしはこれにも努めて寛容な態度で接している。

議論がいよいよ本格化すると——また、普通はそうなるのだが——わたしはオーケストラの指揮者になる。音量が増す。表情も生き生きしてくる。ある程度まで見方や考え方が飛び出すと、どこやら熱気が増して、明るくなったような気分になる。部屋も大きくなったように感じられる。時間はもうあっという間だ。一体となった高揚感が湧いてくるときだ。わたしは教師になってほんとうによかったと感じる。

いい講義は活気を与える

ハイスクールの教室では、もう教師の一方的な講義は流行《はや》らない。やり方を間違えると、一方的な講義は何を教えるにしてもそれを先週獲れたカレイ以上にイキの悪いものにし、教師に病的自己中心主義者、ただのおしゃべり、バカといったレッテルが貼られることになる。これはもうご存じだろう。この頃のこの業界では、一方的な講義は鈍器で殴るようなもの、あるいは勉強という名の肝油をむりやり飲ませるようなもので、犠牲者はふらふらと教室を抜け出し、どこか静かに横になれる場所をさがし、しばらく回復に努めなければならなくなると見られている。一方的な講義はあまりにも「トップダウン」で、あまりにも「教師中心」で、あまりにも「情報過多」である。

その一方で、教師は、「冒険の旅のように勉強できるようにしなさい」「モデル成長戦略を導入しなさい」「共同作業による発見を増やしなさい」と言われている。それでも、わたしは頭脳に点火する手段として、あくまで講義の重要性を主張したい――いい講義は、まさにちょうどいい調合薬となりうるものだ。シンプルで、そう、聞いておく必要があることだけを伝える。**いい講義、上手に行われる講義は活気を与える**。そこがいい講義かどうかを見分けるポイントだ。

ティーンエイジャーは、何か明白に啓発するものに対してハチドリ並みにしか注意力が持続せず、それを見る視野もアイスキャンデーの棒より狭い範囲に絞られる傾向がある。多くは身近なもの以外に興味を持たされることを、権威に従わされることと重ね合わせる。さらに、育つ過程で養われる知的受動性が生来の好奇心におおむねふたをしている。ということは、多くは見返りがあって初めて興味を示すのである。成績に響かなければ、引きこもってゲームや何かを楽しむことには多少心が開くものの、多くはうなだれてうたた寝をしていたほうがいいと考えるのである。

わたしの経験では、これを何とかするには、「お話能力」を磨くのがよいだろう。キッチンの戸棚から講義の栄養分の詰まった材料を取り出して、それをもとに面白い話をささっとでっち上げる。わたしには、これといってお教えできるようなアイデアはないが、人類は目の上の眉弓のところが突き出して、ゴリラみたいな歩き方をしていた頃からこの方法で教育をしてきた。

何より、ティーンエイジャーというのは――いまの時代もそうだし、過去の時代もそうだったと思うが――人に……いや、もっと言えば、自分と同じようなところのある実際の人間像に興味を持つ。お話をして、上手に作り上げた、共感を呼ぶような主人公を提示する。男女を問わず、生徒の求めているものを示すのだ。その上で、障害物や難問を用意して、最後には彼らにご褒美や落胆が待ち構えているようにする。肉付けのディテールも、とくに前半のほうに盛り込んで、ユーモラスな話も一つや二つは交える。お話にはある程度の緊張感を持たせ、派手な武勇伝のたぐいや、飲み込みの早い生徒向けのウィットや、センチな生徒向けの犬をやさしく撫でるようなくだりや、ガラの悪い生徒向けの下品な話も交える。

ただし、そもそも講義で伝えようとしていたことがきちんと伝わるようにして、生徒の大人になるプロセス全体の中で意味を持つようなものにすることも忘れてはならない。そういうことをすべて、教師としてやる。何でもないことだ、いやほんとに。これができれば、おそらく、生徒の中でも、一つのお話として、あるいは連続した出来事として、世の中をどう見ていくかの基準が養われていくだろう。

わたしもこういうやり方をまったくしたことがないわけではない。わたしの授業で誰かの書いたものを読むときは、たいていどの作品についても著者本人のことを短く説明する。著者はさまざまな理由があってその作品を書いている。わたしはお話に仕立ててその一部を紹介する。生徒たちはたちまち、その芸術作品を書いたのが、さまざまな面のある生身の人間、場合によったら平凡ですらある人間、父母やきょうだいがいて、体温も人並みで、普通に好き嫌いがあり、希望や不安をいだき、自分が経験したさまざまなことから思いついた何かを表現しようとした人であることを理解する。そうすると、自分が経験していることが人間全体に共通するものであることも、その作品が持っている現代的な意味も考えるようになる。

そして、自分のことを考えるときに、背後に人類全体の存在も意識するようになる。それまでは一度も、ジェフリー・チョーサー[訳注3]やジェイムズ・ボールドウィン[訳注4]が10本の手の指と10本の足の指を持ち、かゆいところをかいて、朝起きたときはくっついた目をこすっていた人だなどということは、思ってもみなかったのに。アーネスト・ヘミングウェイ[訳注5]が両親とけんかばかりしていたことや、エミリー・ディキンソン[訳注6]が昼間からセックスの夢想にふけっていたことや、ヴィクトル・ユゴー[訳注7]が娘の溺死からついに立ち直れなかったこともわかってくる。

今日の若い読者にとっても——おそらく、きみにとってもそうだろうが——定番になっている昔の作家は古びているわけでもなければ、ひからびているわけでも、どうしているわけでもない。決してそんなことはない——ただ名前になじみがなくなっているだけで、とうに亡くなった、わけのわからない小難しい作品や退屈きわまりない小説や詩や戯曲や何かを書いた人というわけでもない。むりやり読まされる昔懐かしの作家で、現代のティーンエイジャーたちに、自分はどうも好きになれないという気持ちをあらためて感じさせる存在でもない。そんなことはまったくない。

　知らされなければ、現代の若者にとって、「古い」と「退屈」は密接に関係のある概念である。故人の作家の名前は、当然知っていることになっていて、知らないのを認めるのはバツの悪いものだけど、さりとてわざわざ調べる気もしない聞こえのよい言葉のようなものである。だから、そんなものは知ったことか、となる。失うものは何もない。それに、普通の思春期の子どもの考え方では、16歳くらいまでに知らなかったことは、学校大好きのいかれた変わり者でもない限り、どのみち、そう知っておく必要もないだろうと考える。年寄りはカーナビの使い方も知らないのだから、何の権利があって彼らに判断することを求められるだろう？

ハーマン・メルヴィルを読む

これは、教師にとって、チャンスだ。古いものが新しい人にとっては新しくなる。ここではその、新しくて古い話として、ハーマン・メルヴィルの奇妙な生活を紹介するとしよう。

なお、念のために申し上げておくが、以下はあくまで入口の話だ。若い頭脳といかにしてお近づきになるかという話に過ぎない。食欲を刺激するのだ。大切なのはメルヴィルファンを増やすことではない。微妙なニュアンスも含めた詳しい解釈や、水深何尋《ひろ》にも及ぶような深い掘り下げや、高尚な専門知識の積み上げや、どっしりとした博識に磨きをかける作業は、彼らが何年か先に巡り会うと思われる博士タイプの人たちに任せる。これはあくまでハイスクールの話であり、相手にするのは子どもたちだ。

では、メルヴィルに戻る。話はやはりそもそもの始まりから始めるのがいい。

わたしは彼らに、米国文学の偉大な船乗りの冒険家にして、壮大な神話と神秘に包まれた思索家で、やがて名もなく、人知れず亡くなった人がニューヨーク市に生まれたことを話す。父母のどちらの家系も何世代かにわたって栄誉と特権を手にしてきた末のことだ。時代の流れは年代や日付では示さない。そんなものはティーンエイジャーにとって、言っても言わないようなもので、その分、ディテールを細かく話す。たとえば、メルヴィルが生まれたときは、まだ米国独立の父たちが全員表舞台から去ったわけではなく、マンハッタンはおおむね森に覆われていて、船は帆を張って進んでいたことを話す。

このとき、生徒たちに選んで話す内容のほぼすべてが、文脈上のディテールも生い立ちに関することも『代書人バートルビー』を読むときの下地になり、よりよい理解につながる。そして、それは教師であるわたしに対する彼らの信頼感や承認にもつながるはずだ。わたしは日々、彼らからそうしたものを得ることによって教師を続けている。だから、生徒たちについても、メルヴィルについても、この段階で彼らが彼の何を知る必要があり、何を知る必要はないということがわかる程度の知識は求められる。

わたしは彼らに、メルヴィルの父親が行き当たりばったりの奸計《かんけい》をめぐらす商人で、困窮生活を続けた末に早死にし、一家が絶望のどん底に追いやられたことを話す。若き日のメルヴィルが学校を中退して働きに行き、紆余曲折の末、捕鯨船アクシュネット号に乗り組み、マーサズヴィニヤード島出身の猛々しい船長ヴァレンティン・ピースのもとで働くことになったことも話す。『白鯨』[訳注8]の中の、この捕鯨船が語り手イシュメールのハーバードであり、イェールだったという一節も紹介する。生徒たちのほうは、このたとえで一気に想像の世界を広げる。そうか、海の上の学校もいいな、デッキでピニャコラーダを飲み、暗くなったら列になってコンガを踊るんだ。彼らはそう考える。

わたしは捕鯨船の乗組員たちの生活がいかに過酷だったかを話す。

その一方で、南海の洋上ではるかかなたにハワイが見えてきたときの景色の素晴らしさを語り、そのような景色が若き日のメルヴィルにどれだけ衝撃を与えたかも話す。わたしの話は彼と仲間のトビーの内面に分け入り、彼らがいったん楽しみに満ちあふれたポリネシアの生活を味わってしまったら、もう船上の生活が耐えられなくなったことを話す。そして、マルケサス島に停泊中のある星月夜に、メルヴィルとトビーがどうやって海に飛び込み、プルメリアの香るのどかな岸まで泳いでいったかを説明する。

老いも若きも、胸に冒険心を秘め、いつまでも恋い焦がれるような世界、ヤシの葉がそよぎ、水面は凪ぎ、原住民の打ち鳴らす太鼓の音が響き、黄褐色の肌の娘たちが白い歯をのぞかせて微笑む世界だ。彼らがあとにしてきた清教徒の罵りと禁欲に満ちた正しい生活、唇の薄い人たちの寒々とした暮らしは、もう、ばかばかしいものに思えてくる。でも、誤解してはいけない。人肉食の噂を聞いてあわてて別の捕鯨船に逃げ、タヒチでは、また別の捕鯨船に乗り組み、その船がホノルルに向かったことも話す。まさに放浪生活だが、そこではまた合衆国海軍に入隊し、最後には、まったく別人のようになってニューヨークに戻ってくる。

それから、わたしはメルヴィルが作家として身を立てようとした時代へと導く。南海での冒険で体験したことや考えたことをもとにフィクションに仕立てた『タイピー』や『オムー』でうれしい成功を収めた時代だ。

そこまで行ったら、ひと息つく。大物の出番、空高く、燦然とそびえる『白鯨』の出番だ。生徒たちもこの作品の名前なら全員が聞いたことがあり、評判も少しは耳にしていて、それをどこかの大聖堂の厳かな静寂の中に足を踏み入れたときのように静かな崇敬の念をもって示せばよいものかどうか迷う。なかには漫画か何かで面白おかしく取り上げているものを見た生徒もいる。確か『ザ・シンプソンズ』でも一度やっていたみたいだから。だけど、読んだことのある生徒はいない。全巻を通して最後までページをめくったことのある生徒は一人もいない。ジョン・ヒューストン監督の映画を見たことのある生徒もいない(そもそも、ジョン・ヒューストンの名前を聞いたことのある生徒もいない。さらに言えば、グレゴリー・ペックのことを知っている生徒もいない。もちろん、彼らも8年生のときに『アラバマ物語』［訳注9］は見ているが、彼の名前は覚えていないのだ)。

だから、わたしはこの本の話をする。イシュメールと、気難しく、怨念にとりつかれたエイハブ、スターバック、クィークェグ、タシュテゴ、ダグー、ピップなど、1本のキールのまわりに集まって力を合わせる男たち全員の話だ。暗示的に袖をまくり上げ、船や、海や、白い鯨の色にこめられた意味にも触れる。エイハブの強迫観念や頭の中にでき上がった悪魔の像のことも話す。頭の中で反芻するうちに、心理的に、現実とは遊離してできていく観念のことにも触れられる範囲で触れ、何もない、逆巻く海の上で、だだっ広い虚空を見上げながら、宇宙も、自分がいつかは死んでいくという運命もほとんど顧みず、傲慢に既成の宗教を否定して募っていく満たされぬ思いにも触れる。語り手が人間の努力の虚しさを感じ、意味を見出せずにやりきれない思いを味わうことも説明する、いや、説明しようとする。結局のところ、これは釣り師がよくやるほら話なのだ――と言って片付けるのも難しい最大級のものだが。わたしはまた、語り手がその船員仲間や彼らの経験から学んだことや、それで彼がどう変わっていくかも説明する。そして、その語り手をイシュメールと呼ぶ。

ともかく、わたしがこうしたことをすべてやると、生徒の多くは暗黙の賛辞を向けてくる。おい、見ろよ、マカルー先生は、ぼくたちに本気で話してくれているよ、歴史や何かのことを、と彼らは考える。もちろん、こちらは本気だ。どれだけ退屈したか言ってみろ、と言いたい。一部の生徒にとっては、それが何より彼らの求めている励ましになる。自分が信用されていると思えると、自覚が芽生えてくるものだ。**彼らは、いまは楽しくやっているけど、じきに押しのけられる。そのときまでに自分の力で前へ進む力を身につけておかないといけないのだ。**

わたしは次に、この小説が発表されると酷評され、商業的には大失敗に終わったことを話す。いいできだ、傑作かもしれないと思っていたメルヴィルは斧で殴られたような衝撃を受ける。だが、最終的にはその小説が再評価され、いまでは高い評価を得ていることも説明する。それでも、その高い評価の部分はあまり強調しない。その代わり、文化的な業績としての評価も重要だが、一人一人の新しい読者がそれを読んでどう感じるかのほうがもっと大切なのだということをはっきりと伝える。本を読むのはそれを自分のものにする行為だ。きみたちはそれを読んでいない。まだいまは。

当然のことながら、それをどうしてクラス全員で読むのかとたずねる生徒がいる。「一人一人で読めたらいいと思うよ。でも、ちょっと長すぎる。ちょっとでかすぎる。わたしたちには9か月しか時間がないだろう」わたしは答える。事実だ。それに、遠い昔に何度か試してみたけど、生徒たちが蜂の巣をつついたように大騒ぎを始め、みんなお決まりのノートを持って、何でも集められるものを片っ端から集めてきたのも事実だ——まだアル・ゴア副大統領がインターネットを広める前だったのに。彼らはこの本を、ごちゃごちゃしすぎ、重い、つまらないと受け止めた。何度やめようとしたことか。わたしはあらためて、自分で思ったことをまとめるのが大切なんだよ、と念を押す。「はい、わかりました」彼らの顔にはそう書いてある。

だから、先へ進めた。

わたしはメルヴィルが満たされぬ思いを募らせたことを話す。作品を書いても、いつも決まったあたりまえの感想しか返ってこない。販売部数も伸びず、雑誌にちょこちょこと短編を書くようになった。わたしは、『代書人バートルビー』はその時期に書いた作品なんだよということも伝える。

そして、10年ちょっとの文筆生活の末に、メルヴィルが完全に書くのをあきらめたことも説明する。足を洗い、ペンを置いたのだ。モーツァルトがピアノを捨てるようなものだと考えればいい。レンブラントがイーゼルを部屋の隅まで蹴とばすようなものだとも言う。人生半ば、自分の力が最高に発揮されてもいいはずの時期に、メルヴィルは書くのをやめた。そして、旅に出て、お金の苦労につきまとわれながら、単調な仕事をして、いらいらを募らせ、家族の悲劇にも見舞われ、人知れず亡くなった。

わたしは最後に『ビリー・バッド』のことにも一言触れ、メルヴィルが死後再評価され、英雄たちの殿堂にまつられたことも伝える。

そのあたりでわたしの授業もそろそろ時間となる。うまくいったかどうかは生徒たちの顔を見ればわかる。わたしは一人一人に『代書人バートルビー』の本を渡す。生徒たちの「わたしはどこで、何のために生きてきたか」という作文も返す。そして、ベルが鳴ると、全員をそれぞれの道へ送り出す。

ほんとうの勉強は、自分の無知に気づくこと

教師というのは……いい教師というのは……生徒たちに彼らが自分の内面でふくらませる必要がある物の見方や経験を伝えたいと思う。あまり複雑すぎてはいけない。そういうものは朝目が覚めるとともにひらめいたりするものだが、難しいのは、その必要性を誰が、どのように認識するか、どのような方法で満たすのがベストかということである。能力のあるなしにかかわらず、どの生徒もその生徒に特有の不安や希望、親の不安や希望――それに教師や、教育委員会や、大学入学選考の担当者、地元の政治家や遠くの政治家、それに祖父母の気持ちを背中に背負って教室に入ってくる。あげていったらきりがないが、どの人もそれぞれに関わりや、意見や、アドバイスできることを持っているように思える。成績がかさ上げされ、変わった教育手法も取り入れられ、「落ちこぼれゼロ」のように高邁な精神の運動も展開され、標準テストでの生徒の成績をもとに教師の報酬やクビが決まるというおかしなシステムも導入

され、状況はますますあいまいさと混沌の度を増している。

その結果、「確かなデータ」――成績、テスト結果、生徒一人当たりの教育支出、四年制大学進学率など――が問題にされるようになる。そして、そういうことが問題にされればされるほど認識が高まり、認識が高まれば高まるほど政治も動く――そこで、わたしたちの誰もが、勉強することは数字で語るものではないことに気づく。

勉強、ほんとうの意味での勉強は、理解を広げること、知を深めることである。楽しいことであり、わくわくするものである。暮らしを豊かに、満ち足りたものにし、生産的にするものである。自分がいかに無知だったかに気づくことであり、発見の喜びももちろんあるが、それればかりでなく、この惑星の責任ある市民であるために、そんな自分を何とかしようと努力することでもある。世の中の役に立つために、どこで、なぜ、どうするのがいいかを考える。物を見る力を養うことでもある。成績表やSATの点数では、そういうことはほとんどわからない。それでも、あれこれと話をしているうちに、方向はいつも数字のほうへ向かっていくように思える。

だが、その一方で、わたしたちは成分含有量がおかしいと言って料理に文句をつけたりはしない。笑ったり、キスしたり、歌ったり、踊ったりするのも、そのほうが生活の点数が上がるからではない。勉強にしても、本来そうある――あるいは、あるべき——ものであり、教育が数字を上げるための計算ずくの行為になり、とりわけそれが生徒たちの頭の中で起これば、苦しむのは生徒たちだ。子どもたちは一人一人背景も異なる。それを理解しようとしない教師は困ったことになるだろうし、また、そうなっても仕方ないのだ。

　ハーマン・メルヴィルを勉強すること——あるいは、ハーマン・メルヴィルの荒れ狂う海の世界をちらっとのぞくこと——は、キケロの弁論や、フランス語の動詞的形容詞や、米国とメキシコの戦争の結果、メキシコから割譲された領土で奴隷制を禁止しようとしてできたウィルモット条項のことを勉強するのと同じで、生徒の成績にも、その子の世渡りの知恵にも、その子が身につける技能にも、その子が目指す大学やキャリアにも関係しない。**だが、知ると面白く、わかるとうれしくなる。**

　本来、それでいいのだ——**わたしたち大人は子どものそういう物事の理解の仕方を手助けしてやる必要がある——自分の目に映るものをきちんと見て、それについて考える意思のある人には誰にも訪れる「へえ、そうか、なるほどなあ」の瞬間だ。**そうして興味の炎が山火事のように燃え広がったら、それはもう喜び以外の何物でもなくなる。そして、そうなればきっと、知性も成長し、知恵も豊かになり、技能も向上し、成績も上がってくる。彼らは自分たちの生きている世界の不思議に気づく。場合によったら、そこから自分で足を踏み出して、もっともっとこの世界のことを知ろうとするかもしれない。意思が目覚めるときだ。

わたしが成績の話をするのは目標を見失っている子どもに対してだけだ。わたしはそう決めている。面白いと思ったものは知恵で終わる、とロバート・フロスト[訳注10]も言っている。水彩画を描くのも、商品市場に手を出すのも、トラックで荷物を運ぶのも、植物を育てるのも、アパラチア山脈を歩いて横断するのも、ソフトウェアを売るのも、魚を釣るのも、1965年型マスタングをよみがえらせるのも、夕日を眺めるのも、それが面白いと思い、自分のしたいことならそれでいい。子どもたちは、わたしたちが黙って見守ったときに何を学ぶだろう？　どんなことを得るだろう？

教師がそういうふうに思わないとき、あるいは、何らかの理由で考えられないときは、生徒にまかせておくのがいい。

成績やテストの点数は、第一にまわりの人たちのためにある。両親、進路指導の先生、校長などの管理職の先生、大学入学選考の担当者たちが、はなはだ不完全ながら、生徒の勉強の成果を何となくつかんでおくためにある。だから、生徒の内面では、ほとんどアメとムチの効果しかない。教師はそれを利用して、ときどき便利に赤ペンの力をふるう。しかも、成績とその生徒の扱いがリンクすることもある。

だが、教師は公平に、客観的な評価ができるのだろうか？　生徒の成績や技能を評価する基準は適切なのだろうか？　いい成績をとった生徒は必ず素晴らしい生徒と言えるのだろうか？　クラスのみんなと仲良くし、やる気があって、勉強することで自分の生活をよくし、まわりの生徒にもいい刺激を与えているけど、いつもいつもホームランを打てるバッターにならなかった子は、ダメな生徒になるのだろうか？　今日の基準では、成績が「C＋」となると、そういうことになるかもしれない。やる気、喜び、成長――こういうものは定量化して、評価し、比較することが難しい。生徒はみな一人一人異なるのに、教師は細かな違いを無視して、同じ技能や同じ行動を同じ基準に従って評価することになっているのではあるまいか？

もちろん、学校だって、それが位置するコミュニティーの文化と同じで、一つ一つみな異なる。これだけ多様で違いがあるのに、公平かつ正確に客観的に評価できるシステムなんてありうるのだろうか？　そもそも、評価なんてものが必要なのだろうか？　教師の目的が子どもの成長を助けることにあるのなら、子どものパスポートに将来の機会へのアクセスを認めるスタンプを押したり押さなかったりすることができるのだろうか？　いや、そんなことをしてもいいものだろうか？

それに、教室で勉強したことがいつ実を結ぶかなんてことも誰にわかるだろう？

6年生のときのある冷たい雨の降る2月の午後、社会科の先生が西部開拓時代に西部へ向かう人たちが自分の名前を刻んでいったと話してくれたワイオミング州の「独立の岩」のことが、それから23年を経て、たまたまワイオミングの灼熱の太陽のもとでハイウェイを降り、草原を歩いていて大きな岩が見えてきたときに鮮やかによみがえってくることだってある。これか！――と思う。

そのとき、**遠い昔の授業は、西部開拓時代に関するレポートの点数があまりよくなかったからといって、そのかつての子どもにとって無駄なことだったと言えるだろうか？** 美術や数学や音楽の授業で養われた感じ方や考え方が何十年もたってからきみたちの物の見方や考え方に影響することだってあるのではあるまいか？ それが教育というものではないのか？

先日、教師歴35年以上で、いまは引退して髪も白くなっているが、まだまだ元気な元の同僚がこんなことを言った。「最初は科学を教えることが重要なんだ、物事の本質がすべてなんだと思っていた。でも、じきに、実際に自分がやろうとしていることは電気を起こすことなんだと気づいてね。それがうまくいき、ライトがつけば……まあ、子どもの世界のことだからね」

そうだろう、巧みに本質をすり替えられる子なら、成績表を付ける人が見ているかもしれないと思えば、ライトの一つや二つはつけられるだろう。わかったふうにうなずき、それらしいことを言い、おでこをパチンと一回、たたくようなこともできるだろう。しばらくうまくやっていれば、自分が望む以上のことはほとんど何も学習していなくても、クラスで抜きん出ることはできるだろう。その子が、別の、もっと狡猾な方法を使ってみごとな作文を書いたり、テストで正解したりすることができることも指摘しておこう。

いや、これは指摘ではなく、断言することができる。いつでも起こっていることだ。恵まれた子が利用することができるもの——インターネットや、家庭教師や、予備校や、熱心に子どもの勉強を見ようとする高学歴の親や、資料でいっぱいの図書館や、旅行などを利用して、場合によったらリタリンやアデロールのような中枢神経刺激薬も利用すれば、教師の重要な判断の基礎になる成績やテスト結果などの「動かぬデータ」を、ばかみたいに、自分だけ、見境なくよくすることはできるだろう。

こうしたことに直結することで、もう一つ付け足しておいてもよいことに、成績のかさ上げがある。不思議なことに、学習の意欲や成果は低下しているのに、成績は上がっている。現代の世の中では、「可」だったものが「良」になり、「良」だったものが「優」になっている。学校の成績で言うと、いまや「C」は人に見せられない恥ずかしいものであり、「B」はどっちつかずの平凡なもの、「A」だけが優秀さの表れと理解されている。誰もがそういう見方をしていて、それをもっと何とかしたいと願っているが、それ以上は動かない。その一方で、米国人は他の先進国と比べて数学や理科の習熟度で後れをとっており、人によっては、優秀さを競うのなんてばかばかしい、もっとほかに何かないかと考えている。

心のやさしさなどを守ることに心をひかれる――昔からよくある自分をなぐさめるときのパターンだ。また、ごく自然な親心だが、自分が大切に育てた子どもを幸せにしてやりたいという気持ちもはたらく。そこでまた、近頃では評価の対象になることの多い栄誉や栄冠への間口を広げてやろうとする動きも起きてくる。それに、元をとりたいと思うのももっともだ。今日では、「B」は世の中の「良」程度の価値しかない。かさ上げされた「C」だ。ただ、「A」は――それも、金メッキされたダブルの「A」、すなわち「A+」は――相変わらずトップ、究極の尺度のままだ。一方で、「F」はめったにつけられることがなくなっているので、もう気にしなくてよい。成績の評価はトップに集まってきているのだ。

それを何とかしようとして、妄想の中で風車に突進したあのドン・キホーテのように前後の見境をなくし、まじめなわが子に不正な真似をさせてしまう（ことがよくある)。過ぎた日の賃金は支払えないのだ。問題なのは、そういうことがどんどん真似され、広がっていることだ。「小」「中」「大」と呼ぼうが、「M」「L」「XL」と呼ぼうが、「大」「特大」「ジャンボ」と呼ぼうが、親はおよそでサイズを決めつけ、それを変えようとしない。だが、呼び名のほうはいつの間にか上へ、上へと変化していくが、実際のサイズは縮んでいる。この頃では、従来の成績評価にかけるウエイトを減らしていかなければならないような気がするのに、大学の入学選考では、依然としてそれが主な基準として認められていて、子どもたちの気持ちを駆り立てている。

ごった煮の鍋から漂ういい香りのようなものなのだ、そんなものは。

「釘の力」に気づくとき

さて、翌日。ベルが鳴り、生徒たちがまた教室に入ってくる。ほとんどの生徒は本を読み……あるいは、オンラインでおよそのところをつまみ食いし、先生に何を聞かれても軽く答えられる、といいのだがと考えている……それとも、読んできた生徒に話を聞いている。彼らは座る席を決める前にまずほかの生徒たちの様子をうかがい、よさそうな席を見つけてそこにバックパックをかける。

なかにはすでにバートルビーのあらすじを話している生徒もいて、あの人はどうなるの、ねえ、ほんとうに死んじゃうの、それとも最後はどうなるの、とやっている。読んでこなかった生徒は聞き耳を立て、何か、何でもいいから、先生に聞かれたときに答えられそうなことを聞き逃すまいとしている。彼らが席についても、こちらは機嫌のよさそうな素知らぬ顔を崩さない。読んできた生徒の多くは何か訊いてほしいのだろうが、はやる気持ちを見透かされたくないのか、殊勝な顔で黙っている。読む時間が――州道128号線がクロスカントリーの大会帰りの車で渋滞するか、テレビの『プリティ・リトル・ライアーズ』を見ていて――なかったか、本を開いていても3分の1はうとうとしていた生徒は、絶対に物語の内容を訊かれることを望んでいない。さりとて、執行猶予を願い出たら宿題をやってこなかったことを告白しているようなものだし、黙っていても罪を自白しているようなものなので、おしゃべりをしてごまかしている。内心はひやひやしながら。

かくして、全員が席に着いたら、教室内は静寂に包まれる――あるいは、さまざまな思惑でいっぱいになる――と、そこで口を開く。「さあ、机の上を片付けて」

うめき声を漏らす者、観念してがっくりする者。動揺を隠せない生徒もいる。それ以外はゲートインを前にしたサラブレッドのような姿勢になっている。おずおずと、難しいのかとたずねてくる生徒もいる。「そんな、テストみたいなことはないよ」こちらは何気なくそう答えて微笑む。「あんまり準備する時間がなかったからね」生徒たちはわたしのこの言葉が好きだ。だから、ここでもきっとそうだろう。

わたしが彼らに身につけさせようとしているのは、わたしが思うに教師が生徒に身につけさせることができる最も重要な能力、説明責任能力だ。話し合いの中で傍観者を決め込んでいる生徒を当てると、ほぼその効果がある。生徒に果たすべき役割を与える――ヘビー級の本を読ませて、センターの守りをまかせ、雪かきをさせる――よくできたらほめ、うまくはできないが、まじめに努力していたらやさしく批評し、まじめに努力していなかったら失望をあらわにする。これの繰り返しだ。

生徒たちに大・小・難・易さまざまな課題を出す。いつでも自分なりの基準を持て――妥協していたらすぐにとりとめがなくなるぞ――と言う。弱気になって泣き言を言ったときは、ユークリッドがプトレマイオスにした話、「幾何学に王道なし」をする。生徒は何が言いたいのだろうといぶかる。いぶからせておけばいい。あたり一面に血をほとばしらせて顔面蒼白になるような言い訳をしたときだけ相手にする。**こち**

らを喜ばせよう、あるいは怒らせようとしていない限り、ほめるのも、批評するのもほどほどにする。これが責任感や能力や自信を養う方法だ。

生徒たちは車座になっているので、こちらはあらかじめ2種類の同等の問題を用意しておき、それらを一人一人互い違いに配っていく。こうすると、となりの生徒の答えを盗み見しても意味はない。それ以上に重要なのは、こちらがそういう可能性を予見していることを伝えられることだ。問題を配ったときに生徒がこちらを見上げて「せずにすめばありがたいのですが」と言ったら、問題を回収してその生徒の肩をたたき、成績表にAをつけて、先へ進む……誰もそんなことはしないだろうから、ここで言うのはやさしいのだが。理想を言えば、問題は本を読んできた子にとってはすいすいできて、読んでこなかった子にとってはどうしようもないものであるのがいい。この問題は――どちらの問題も――生徒に物語全体のあらすじや何か所かの表現の意味をたずねるものだ。生徒たちが書き終わったら、紙を集める。これは捨てない。その場で考えて答えられるような問題は、わたしは出さない。

ほとんどの生徒はメルヴィルの作品を、まあ、重い、難しい、退屈だ、と感じる。わたしは自分に、この子どもたちにはこの作品に描かれているものや「行間」や「象徴的な意味」を「読み取る」だけの読み手としての経験が欠けているのだと言い聞かせる。現に、多くの生徒はろくに裏の意味を考えず、ただ表面だけで、わたしが脱線をして、自己満足のために、暗示された意味や隠喩やテーマをでっち上げているだけだと考える。多くの生徒は、文章の解釈なんて野っ原に寝っ転がって雲の形をああだこうだと言っているようなもので、完全に主観的な思い込みに過ぎないと考える。

なかには、わたしのことを作家か文学界の偉い人か陰のボスと結託して、できるだけ無駄な労力を使わずにAをもらいたいだけの、まじめに勉強している生徒をだまして、頭脳明晰で将来有望な子が有名大学へ行けるように、重要な単位をとるのをじゃましていると言って文句を言う子もいる。わたしがあらゆる「正解」の書かれた教師のあんちょこ本を引き出しに隠しているのではないかと疑う子もいる。わたしはそうした子どもたちの目に何とか耐えようと努力する。幸いにして、こちらは手の内をすべて見せている。あくまで、彼らは子どもなのだ。

わたしは無難な質問……語り手やその語り口、態度に関する質問から始める。ウォール街の彼のオフィスはどうなっていて、それはなぜかをたずねる。物語に出てくる圧倒的多数の壁のこともたずねる。オフィスで働く本名のよくわからない下働きの人たちのこともたずねる。そして、語り手の独特な言葉遣いにも注意を向ける。たとえば、「Imprimus」――このような言葉（ラテン語で「まず第一に」を意味する言葉）

を使うことが語り手の何を物語っているだろうかとたずねる。そして、米国初の百万長者ジョン・ジェイコブ・アスターのことをうやうやしく扱っていることをどう思うかとたずねる。

それでも、生徒たちはすぐにバートルビーのことに入っていきたがる。わたしにできるのはせいぜい、これはほんとうは語り手の物語ではないか、少々欲張りで、まったく自己満足のかたまりだが、どこか人間的なところを持っていて、そこが他人の苦しみに触れて、ほんの少し変わっていくのではあるまいかと水を向けることくらいだ(「共和党員から民主党員に変わるんだ!」と男子生徒が声を上げたことがあったが)。資本家の搾取の構造の中で働くことの絶望感を吟味しても、名もなく都会の雑踏と重労働の中に囚われることの残酷さを糾弾しても、どうしようもない現実の孤独をたとえ話に表現しても、あるいは、われらが友HMに最後にもう一度水を向けてそれとなく自叙伝風の告白をつけても、この物語そのものはそれほど共感を呼ぶことはない。

そう、彼らはこのバートルビーという男のわけがわからず、説明がつかず、ずるくて技巧的な受け身の反逆に夢中になってしまう。「せずにすめばありがたいのですが」彼は何を言われても、何を望まれても、何を要求されても、それがどんなに理にかなったことであっても、何度も何度もその言葉を繰り返す。要するに、彼らはもうはまってしまうのだ。

生徒たちが見るのは単に権威を前にしてかたくなに頑張っている青白い顔の代書人ではない。心底、破壊的なまでに、相手かまわず、うんざりしていることは多くの生徒が気づくが、それだけではなく、力……釘の力、キャッチャーの力、落ち葉の力である。重要なのは――ここでもわたしは、生徒たちの興味に従って話を運ぼうとするが――バートルビーのしていることであり……それは、まあ、拒絶とは呼べないものである。ここが問題なのだ。「ノー」ではなく、「ノー・サンキュー」でもない。彼の真意はその胸にしまわれたままだが、バートルビー――この物語で唯一、名前を授かっている登場人物――は単に希望を述べるだけである。「せずにすめばありがたいのですが」（"I would prefer not to,"）彼は淡々と、何度も何度も、ほとんど、いや、まったく小細工も言い訳もせずに、そう言う。

この簡単だが、わけのわからない言葉の見事さに、語り手も言葉を失い、徐々にバートルビーの人間性を認め、彼のことを考える頭も感じる心もある生身の人間として見るようになる。彼は非協力的な事務機械ではなく、意思を持ち、希望を口にする人間なのである。かくして、語り手の眠っていた共感の心が目覚める。「……バートルビーには何かがあった。どういうわけか、閉ざしていたわたしの心を開くだけでなく、不思議なかたちでわたしの心に触れ、それを狼狽させる何かが」彼はそう告白する。

バートルビーは最後までその意思の強さ、あるいは絶望の深さ、いや、その両方と人を変える力を証明して死亡する。死の寸前に——仮に彼が普通に戻って人の言うことに従い、ひと切れのパンがほしい、コップ一杯の水がほしいと言っていたら——そしたら、あの受け身の反逆はただのジェスチャーに終わっていただろう。

だが、わけのわからないあわれな男は最後までいつもの調子を貫く。バートルビーは反逆者だ、もしかしたら殉教者ではないのか、と生徒たちは考える。男は揺らいではいけない。彼は大切なことを伝えていた。「ああ、バートルビー！ ああ、人間とは！」生まれ変わった語り手は物語の最後にそう声をあげる。これは子どもたちにとって天啓だ。**このとき、学校は天のお告げの場となる。そして、無力な子どもたちが力を自覚するのだ。**

このあたりでベルが鳴り、授業は終わる。生徒たちは席を立ち、バックパックを背負って、教室から出ていこうとする。その前に、こちらは次に読んでくる本の宿題を出すのである。

＊1　クラスの規模はこの仕事の成否に決定的な意味を持ってくる。理想は14人か15人だと思う。21人か22人を超えると、効率が落ちてきて、25人か26人を超えると、その落ち込みが激しくなる。

訳注1　ヘンリー・アダムズ　1838〜1918年。アメリカの作家・歴史家・思想家。1907年に19世紀の教育について批判した『ヘンリー・アダムズの教育』を出版した。

訳注2　ハーマン・メルヴィル　1819〜1891年。アメリカの小説家、詩人。代表作に『白鯨』『代書人バートルビー』（現在入手可能な邦訳のタイトルは『書記バートルビー』）『ビリー・バッド』などがある。『ビリー・バッド』は遺作となった中編小説で1924年にイギリスで出版された。

訳注3　ジェフリー・チョーサー　1343頃〜1400年。イングランドの詩人。代表作は『カンタベリー物語』

訳注4　ジェイムズ・ボールドウィン　1924〜1987年。アメリカの小説家・劇作家・詩人・随筆家であり公民権運動家でもあった。代表作に『山にのぼりて告げよ』がある。

訳注5　アーネスト・ヘミングウェイ　1899〜1961年。アメリカの小説家・詩人。1954年にノーベル文学賞を受賞。代表作に『誰がために鐘は鳴る』『武器よさらば』『老人と海』などがある。

訳注6　エミリー・ディキンソン　1830〜1886年。アメリカの詩人。マサチューセッツ州アマーストの名家に生まれ、生涯独身でほとんど生家から出ることなく1700編の詩を残した。

訳注7　ヴィクトル・ユゴー　1802〜1885年。フランスの詩人・小説家であり、政治家でもあった。1843年、長女レオポルディーヌが19歳の若さで溺死した。代表作に『レ・ミゼラブル』『ノートルダムの鐘』などがある。

訳注8　『白鯨』　ハーマン・メルヴィルの代表作。捕鯨船の船長エイハブの白鯨との死闘を、唯一の生き残りの船員イシュメールが物語る。

訳注9　『アラバマ物語』　ハーパー・リーの小説『ものまね鳥を殺すには』を映画化した1962年製作のアメリカ映画。人種的偏見の強いアメリカ南部で、暴行容疑で逮捕された黒人青年につく弁護士をグレゴリー・ペックが演じた。

訳注10　ロバート・フロスト　1874〜1963年。アメリカの詩人。カリフォルニア州サンフランシスコに生まれ、1912年に渡英。その翌年に初の詩集『A Boy's Will』を出版、詩人として広く知られるようになる。ピューリッツァー賞を4度受賞した。

第3章

ひたすら観察せよ、自ら発見せよ

夢中になれるものを見つける

ハートは不登校。何も決まりどおりには行かない。
知恵をだいじにしまっていたら、バカと勘違い。
朝からずっと、うん、うんとうなずいてばかり。
そして夜通し、寝ないで夢を見る。

——ウォルター・デ・ラ・メア著『生徒たち』

眠れる大器

最近わたしが受け持ったある生徒の話をしよう。名前は「ジャック」としておく。おとなしい生徒だ。われらがジャック。落ち着いていて、身のまわりのことは十分に自分でやれるし、ちゃんと礼儀もわきまえ、感じはいい。標準的なレベルの4年生の文学のクラスでは、よく気がついて飲み込みも早いが、あまり自分を出そうとしない。自分に合ったペースがあって、いつもそれを守っている。厳しい先生はそんな彼にパッとしない成績をつけたくなる。B－／C＋、平凡な生徒の一人だ。

近頃の学校では、このような生徒は評価されない。だからますます、こちらはほかの教師たちから守りたくなる。教師が望む限りの知能と身体能力を発揮する理想の生徒のような子どもを燦然と輝く殿堂に祭り上げたがっているような教師たちだ。そういうものに欠ける子どもは、落胆の対象となり、人格を無視され、欠陥人間の烙印を押される。素晴らしい成績や数々の栄冠は誰もが目指すべきものだと彼らは考えており、学習をそこにいたるプロセスと位置付けている。ジャックのような生徒は目立たなくなる。いや、実は、教師の多くはそうなることを望んでいるのだが。

その年もジャックは七分目ほどの速度でのんびりとやっていた。最初の数か月はわたしも点火の兆しを待っていた。秋の枯れ葉の最後の一枚が歩道に舞う頃、彼が中の下くらいの宿題を提出してきたとき、わたしはじっくり話し合う理由ができたと思った。わたしたちは楽しく話をし、彼ももっと頑張る、やればできることはわかっているからと約束し、頑張ったらいいことがあることもわかったと言った。十分な目覚めだ、おずおずとではあるが、ささやかな自信が目覚めた、と思った。わたしたちは「じゃあ」と言って別れた。

だが、何も変わらなかった。ここでつつき、あちらで押し、それとない不満も一度や二度は伝えたが……何も。仕方ない、と思った。いい子だ、のんびりと行くのを楽しんでいる。けっこうなことだ。4年生の生徒は、自分のことをすることを認められており、わたしの授業は彼らの眼中にない。ほかの何かをすることが条件だが、彼も自分で約束をしてくれたのだから、あとは静観することにした。

だが、長く穏やかな冬が過ぎようという頃になっても、ジャックからは突破口が開けてくる兆しは見えなかった、どちらの方向へ向かっても。春が来て、水ぬるむ頃になっても、何事につけ、抑えていたものが噴き出す気配はまったくなかった。

やがて、5月になり、新緑が木々を彩りだした頃、わたしはそれまで声をかけていた結果、あのおとなしくて無口なジャックにも、とうとう夢中になれるものができたことを知った……彼自身の口から聞かされて、それを知ったのだ。あとでわかったことだが、彼は眠れる大器、マイペースを崩さない大器だった。天職があったのだ。

一緒にいる時間がそろそろ終わろうかという頃まで、そういうことをいちいちわたしに話さなかったところまでが気に入った。結局のところ、これは彼の問題なのだから。彼はそれをすることの喜びをたどたどしく、でも、少しもいやそうにはせずに話してくれたのだが、その喜びを感じる以上の功利的な目的に彼が気づいていなかった――いや、少しは周囲に漏らしていたかもしれないが――ところも、結果的にはよかった。大人から指導を受けたり、発破をかけられたり、評価されたりすることがなかったのだ。競争があり、その準備に時間をとられることもなかった。彼は別にそのための訓練を受けることもなかった。わたしが知る限り、それが彼の大学への進路に影響を及ぼしたということもまったくなかった。**喜びも満足感も彼一人のものであり、彼のためのものであり、それで十二分だった。**

5月に、わたしはジャックが絵を描いていることを知った。

それだけじゃない。ジャックは3次元の絵を描いていた。ごく普通のプリンター用紙と鉛筆とペンとはさみとスコッチテープを使って緻密な紙の模型、造形作品と言ってよいものを作っていた。『ハリー・ポッター』のホグワーツ城や自由の女神に始まって、実物大のかぶれる野球帽などなどまでだ。トランプ程度の大きさのものもあれば、コリー犬ほどの大きさのものもあった。自分の想像力を刺激するものがあれば、彼はそれを作ったのだ。一週間かかるときは、一週間をかけた。電話が鳴れば、鳴りっぱなしにしておいた。学校の宿題にさく時間がなければ、いい加減なままにしておいた。その結果が精緻なそのジャックの作品になっていた。見事に、完璧にできている。一度見てみるといい。誰もがそこにロシアのロマノフ王朝時代の皇帝のイースターエッグのように精緻な作りの紙のスポーツカーや『スター・ウォーズ』の宇宙船ミレニアム・ファルコンを見るだろう。

だが、ジャック本人は作品を見た人がどう感じるかにはあまり関心がないように見える。喜んでくれる人はいるのだが、その人たちに喜んでもらうことが彼の目的ではない。一度、彼は、それらのものが完成間近になると、部屋の床がいっぱいになると話してくれたことがあった。彼はそれを踏むまいと気をつける。楽しいのだ、心が満たされるのだ、こういうことをやっていると。

きっかけは何年か前だったらしい。家族で休暇にニュージャージーの海へ遊びに行った。わたしの解釈に間違いがなければ、そのとき遊園地で時間がなくなり、ジャックはどうしても乗ってみたかった乗り物に乗れなくなった。家族はがっくりとうなだれる子どもの手を引いて車へ向かった。いかにも子どもらしい光景だ。一日中遊園地で遊んできたのに、一つの乗り物に乗れなかったと言って機嫌を損ねている。まあ、親にしてみれば、残念でした、程度のことだろうが、子どもにしてみれば、どうしても、どうしても、あの乗り物にだけは乗りたかったのに、ということになる。

失意のどん底で、ジャックは自分がいたかったところに戻った。わけもわからず、なぜかと考えてみることもなく、ペンと紙をとって、自分が乗りたかった乗り物の絵を詳細に描いた。憧れの絵だ。満たされぬ思いをぶちまけた。ラブレターと言ってもいい。彼はすかっとするものを感じた。やってみて面白かった。時間も世界もまわりから消えた。一時間かそこらは自分だけの世界にいて、頭の中ではぐるぐると回転する乗り物に乗っていて、心の目に見えるがままを描いた。しかも、このプロセスには反復性があった。放電したバッテリーがそのままにはならず、充電されたのだ。

描き終わったとき、彼は自分の絵を見た。自分が描いたものに誇らしさのようなものを感じた。だが、それで気持ちが完全に収まったわけではなかった。頭の中には、乗りたかった乗り物の左から見たところも、右から見たところも、後ろから見たところもよみがえり……だから彼はそれも描いた。気がつくと、机の上には4枚の紙が積み重なっていた。乗り物を前後左右から見た絵が描かれた紙だ。そこで、一つ思いついたことがあった。やってみよう、と思った。まだ完全に満たされたわけではなかった心がそこに吸い寄せられた。あの乗り物は平板なものではなかった。ちゃんと高さも幅もあった。3次元だ。彼ははさみとテープをとった。

ジャジャーン！

至福の喜びは大きなものである必要も、重要なものである必要もない。ぴかぴかの盾や何かがついてくる必要もない。至福の喜びは賞品では表せないものだ。大きな樫の木に育つどんぐりの実はめったにないかもしれないが、どんな樫の木も一本残らず、もとはどんぐりから始まっている。

ジャックがあのまま芸術家になろうが、建築家になろうが、エンジニアになろうが、何かほかにあの模型制作の情熱に直結する職業につこうが、それは関係ない。彼は何かをしたいという気持ちや、一つのことに集中することや、胸にたまっているものを吐き出すことや、自分がほんとうにしたいと感じることに素直に打ち込むことについて、何かを学んだ。自分の能力に磨きをかけ、自分が納得できる基準を見出し、それをクリアできるように努力することも学んだ。その上で、最初から意図を持ってものを見て、イメージを作り、それを実現させようと努力し、うまくできたときの満足感というものも知った。**自分で選び、行動することで、自信と自尊心がついてくる。これはとてもよいことであり、わたしも生涯そうありたいと願っている。**

自分が楽しいと思うことに没頭しよう

人に気に入られようとする気持ちを捨てることだ。そういうことにエネルギーを使ってはいけない。何が必要かを見極めた上で、納得のいくようにそれをするのだ。だからといって、こういうことはどこもわがままと呼ぶには当たらない。自己中心主義と言うにも当たらない。たとえきみがこの地球上に生きているただ一人の人間だったとしても、それは変わらない。

自分が楽しいと思うこと、いいと思うことに没頭し、その結果や評価は成り行きに任せることだ。いまという時間を大切にし、先のことは何とかなると信じることだ。自分を信じ、目標を高く設定し、それに集中し、努力し、頭を働かせる。自分が知りもしないことを知っているようなふりはしないことだ。自分の望みが人に差をつけることであったり、富であったり、愛であったり、ほめられることであったりするのなら、そのようにすることだ。そして、目標にする人は慎重に選ぶ。自分の流儀を忘れないことだ。「本能のおもむくままに」というのも、たとえ虫に学んだことであっても、悪いことではない。それに、「目上の人を敬う」というのも……なのだが、実際には、最終的に誰より大切にしなければならないのは、じきに大人になる自分だ。その大人を、きみはがっかりさせたくないはずだ。責任のあることも、負担や重荷とは考えず、目標へのチャレンジ、能力の錬磨、自立のチャンスと見たほうがよい。そして、成長していく。自分の務めは学ぶことだと心得て、自分や自分の学びがより大きな良いことにつながることによって満足を得ていく。

それから、やることはまだまだある。教師や親は「いや、うちの子どもが一番よ」の争いの中にあり……そういう人たちには、きみたちのほんとうの姿は見えていない。だから、サポートは受け、励ましはありがたくちょうだいするが、あとは自分のことをやる。

「自分の無上の喜びに従いなさい」 神話学者のジョゼフ・キャンベルは、そう言っている。若い頃、大学で将来を嘱望されながら、型通りに教授への道を進むのを嫌い、森の小屋にこもって5年間読書にふけり、出てきてからは当代随一の思想家になった人だ。無上の喜びというには少し足りないような気がしたら、好奇心に従う。好奇心というのも、まだどうかと思える場合は、両手で頬をたたき、もう一度トライする。

きみは、何よりもきみが心をひかれるものによって形作られ、きみ以外の誰もそれを選ぶことはできない。きみが選ぶとき――あるいは、向こうがきみを選ぶということもよくあるが――ほんとうに好きなことなのに、それを追いかけなければ、きみは苦しむことになるだろう。それは間違いない。今日や明日は苦しまないかもしれないが、いずれ苦しむようになり、以後は死ぬまでそれが続くことになる。**充足感というのは、自分の心が満たされたときに初めて訪れるものなのだ。**

勉強は成績のためではなく……

では、もう一人男の子の話をしよう。別の話だ。こちらはもっと身近な男の子……

わが家にいる男の子、デイビーの話だ。母親のおなかの中に生まれてきたときは豆粒ほどの大きさだったのに、成長し、年齢を重ねて体も大きくなってくるうちに、気がついてみると、16歳で特別進学クラス（アドバンストプレースメント）の米国史の授業を受けている。聡明で、明るく、飲み込みの早い子どもであり、勉強に関して言えば、かなりうまくいっており、成績が気になるなら、B＋／A－と書いておこう。どのような難局も乗り越えていける力があることは、まだ証明されていない。

それと、これも書いておいたほうがいいだろう。あの名前で歴史のクラスに入っていくと、どのクラスでも、覚悟しておかなければならないことがある。いつも何か言われる……クラス全員の顔が彼のほうを向き、教師がひとこと言うのだ。自分が名前をもらった祖父がテレビに出て、新聞や雑誌や教科書にも引用されている。教師の書棚にも、祖父の本が何冊か交っている。デイビーは軽く微笑み、紹介されたことに礼を言い、冷やかしを受け流して、はっきりと言う。「祖父は祖父、ぼくはぼくです」

それに、こういうこともある。彼の父親は別のハイスクールの教師であり、特進クラスの米国史のように大学進学のために行っているような授業は、その父親教師が毛嫌いしているものでもある。それで、彼の教師がだらだらと何か月もかけて宿題を返してきたりすると、父親教師が「たるんでるな」「教師の資格に欠ける」などと、父親らしい文句の言葉をこぼすだけにとどまらず、デイビーの口からも文句が漏れる。彼は肩をすくめて、ぼくはいったい何をやっているんだろう、先生は宿題で何を「求めている」んだろうと言う。わたしはちょっと電話をかけて文句を言ってやろうかと言う。ダメだよ、とデイビーは止める。仕方ない。

だが、事態はますます悪化し、その授業は年数や何かを記憶するだけのものであることがわかってくる。すべてが学年末に行われる一発勝負の試験のためなのだ。「1時間まるまるだよ」学年が半ばに差し掛かった頃、帰宅したデイビーが不満そうにつぶやいた。「南北戦争全体のことについて、くだらないことばかりやってんだもの。どういう戦争だったかなんてそっちのけだよ。ゲティスバーグの戦いのことも、モニターとメリマックの軍艦同士の海戦のこともやらない。ストーンウォールのことも出てこない。お父さん、チェンバレンのこともやんないんだよ！　もう戦争後のレコンストラクションの時代の話になっちゃったよ」

4月が過ぎ、5月になった。彼は頑張って勉強していた——というか、少なくともはた目にはそう見えた。授業には毎回欠かさず出席し、自宅でも夜遅くまで勉強していた。そしてついに試験の日が来た。野球の練習を終えて帰宅した彼はふらふらになってキッチンのドアから入ってきた。くたくたになってはいたが、しっかりしていて、(試験は)できたよ、晩ごはんは何?——と言った。

だが、授業は続いた。夏休みまであと1か月あった。だから、教師はいかにも重要なものであるように言って宿題を出した。テーマは生徒が選び、あとで教師が成績表と一緒に家庭に送れるように、宛名を書いて切手を貼った封筒を付けて学年末の週までに提出する。家では、デイビーは、ときおりブツブツとこぼしながら、ばかみたいに部屋から部屋へと歩き回り、いいテーマが浮かんでこないことを口実にその宿題を遅らせていた。教師は二、三、テーマの例を出した。誰もそれには飛びつかなかった。わたしもいくつかアイデアを出した。最後には、提出期限が近づいてきて、ルーレットみたいなことをやって、彼はテーマを決めた。

そして、あとは取りつかれた男になった。

階段を駆け上がり、またバタバタと駆け下りてくる。「これはいいよ」燃料補給や感動の分かち合いのためにキッチンに現れるたびに、彼はそう言っていた。彼が選んだテーマはベニー・グッドマンとそのオーケストラの1938年1月のカーネギーホールにおける『シング・シング・シング』の演奏だった。デイビーがこれはいけると思ったのは、ジャズが軽快なオールドタイマーの音楽で、同時にストックトンとマローンの時代に黄金期を迎えたソルトレークシティのバスケットボールチームの名前でもあったからだ。

とはいえ、彼はたちまち、グッドマンやジーン・クルーパやハリー・ジェイムスやビッグバンドのスイングに夢中になった。彼はそれで長く楽しい時間を過ごした。家は音楽でいっぱいになった。その後、彼はルイ・プリマに夢中になり、ルイ・アームストロングに夢中になり、ファッツ・ウォーラーやデューク・エリントンやシドニー・ベシェやジャンゴ・ラインハルトにも夢中になった。

1年数か月後のいま、彼はエラ・フィッツジェラルドが一番だと言うだろう。新たに目覚めたジャズへの愛は彼をさまざまなことに導き、いま、デイビーの「ナンバーワン・クールガイ」の殿堂ではウッディ・アレンがロバート・デ・ニーロやノマー・ガルシアパーラと主役の座を争っている。そして、ウッディ・アレンは彼をバルセロナやパリへもいざない、最近ではローマにも行って、想像の中のアレッサンドラ・マストロナルディを相手に何やらイタリア語風の言葉をべらべらとしゃべったり、ウッディの昔の舞台の出し物をそっくり真似たりしており、わたしはそれが、彼が120歳になるまで終わらないでほしいと思っている。

宿題は提出期限の前夜に読ませてもらって感心した。好きという気持ちがあふれていた。わたしは、いいね、と言った。彼には聞こえていない様子だった。重要なセレモニーの最中だった。キッチンのテーブルの上でその宿題の紙をそろえ、満足そうに、左上隅をホチキスでパチンと留め、丁寧に米国史のバインダーにはさみ、それをバックパックに入れて、シャッとチャックを閉めた。彼はその宿題を翌朝提出した。

そして、それ以後、わたしは二度と見ることがなかった。

夏の間中待っても、何もなし。来る日も来る日も郵便受けを見たが、何もなし。9月になって学校が再開されたときに彼がたずねると、教師はあわてて「え、ああ……あれな。ちょっと待って、どうなってるか見てみるよ」と言ってかわした。そして、そこまでだ。そのときは、どんなに頭に来たかと思うが、いまのデイビーはもうかまっていない。彼にはベニーがいて、ルイがいて、エラがいて、ウッディがいる。もしかすると、いつかアレッサンドラもそうなるかもしれない。一人一人、誰もがみな十分すぎるものを与えてくれる。

わたしのほうは、仮にその教師と会うことがあったら、きつい言葉をいやと言うほど浴びせていただろうか——それとも、肩に腕をまわして、ありがとよ、と言っていただろうか。この教師は何をするつもり、あるいは何をしないつもりだったか知らないが、わたしの息子に宿題の作文を書くこと、**勉強することがいい成績をとるためにするものではない**ことを教えてくれていた。

というか、すべては成績以前の問題なのだ――好奇心を覚え、探求や発見の喜びを知り、見たことや思ったことを整理して、それを人に伝わる言葉にし、推敲し、削除し、いじくりまわして、ブラッシュアップし、一つの作文に仕上げて、やったという達成感を味わい、そのプロセスで気がついた新しい視点を獲得していく。それに成績をつけたら、いい点にしろ、悪い点にしろ、採点者を喜ばせたり不機嫌にさせたりする行為で終わってしまう。生徒のほうは、何一つ身についていないのにAをもらったり、Cしかもらえなくても眠れる宝の山を掘り当てたりすることもあるのだから。

求められているのは「打ち込むこと」

働くことが苦労することと同義だなどという考え方は、金輪際、捨て去ることだ。第一、まったく同義の言葉なんてない。どの言葉にも、その言葉でしか表現できない意味がある。急速と高速はニュアンスが違うし、読書と熟読も、ドレッサーとビューローも、スラックスとズボンとパンツも違う。

第二に、働くというのは大きな概念、包括的な概念だ——人間の基本的な営みの一つを表現する言葉だ。ただ「ころがしておく」ことも、働くことに当たる場合がある。うまくいけば、とてもうれしい。わたしたちはそうなるように最善を尽くす。そのために、わたしたちには、骨格があり、筋肉があり、手がある。働くためだ。

きみたちもいずれわかるだろうが、**人間は前に向かって進んでいくようにできている。**必要なことに気づき、それを何とかしようと努力をし、基本的な決まりを守りながら、困難にもめげず、役に立ちそうな新しいアイデアを応用し、どうにか目的を達成したら、それで人の暮らしがよくなったことを確認し、あとはベッドでぐっすり眠る——これが、わたしたちのＤＮＡに刷り込まれた基本的な行動形態だ。

何も雄鶏が鳴き出す前から起きて農場に出る農夫である必要はないし、ビーチに寝そべって至福のときにひたっている人をあざ笑うこともない。ただ、働くというのは神聖なことだ。尊いこと、清いことだ。誰もが軽々しく使ってよい言葉ではない。ノーマン・マクリーン[訳注1]はその美しいエレジー『マクリーンの川』の中で「すべての良いことは……神の恩寵によるものだが、神の恩寵は人の行いによるものであり、人の行いというのはそう簡単なものではない」と書いている。まずは自分の時間をつぎ込んでもよいと思えるものを見つけることだ。**求められているのは打ち込むこと――目標を持つこと――働くのはそれからだ。**

1967年のスチュアート・ローゼンバーグ監督の名作映画『暴力脱獄』の印象的なシーンも思い出す。囚人たちがびくびくしながら、長く、うだるような一日に、タールを塗ったばかりの道にシャベルで砂をまいている。彼らも、彼らにそれをやらせている無表情でサディスティックな看守たちもそれを拷問以外の何ものでもないと思っている。男たちは何もしないうちからあきらめていた。

だが、ポール・ニューマン演じるルークは、にやにやしながら両手につばして、大声で「さあ、やるぞ!」とわめいて、その仕事に立ち向かっていく。最初、仲間の囚人たちは彼のことをばかにして、そんなに張り切るなよと言う。だが、そのうち、彼らにもわかってくる。ルークにならって、彼らも雄々しくそれに立ち向かうようになる。力と汗と元気が湧いてくる。初めて、彼らは意志の力を実感する。もう囚人ではなかった。「おまえらなんかに負けてたまるか」彼らは看守たちにそう言って、砂にシャベルを突き刺して、その砂を力強く路上に放り投げ、全力でその作業に取り組みだす。そして、予定より何時間も早く作業を終えた。みんな笑顔で、ほとんど声は出さないが、肩を上下させながら、シャベルに寄りかかり、自分たちが作ってきた道路を満足そうに、誇らしげに見ている。

ハイスクールの生徒たちをこの囚人たちにたとえ、教師たちをサディスティックな看守たちにたとえてはいけないのかもしれないが、ここはかまわず突き進んでいく。学校は大切なところなので、何時間も古き良き時代の苦行を求められても仕方がない。**あまり達成感のないものはやさしく、やさしさは本来、わたしたちが勝ち取るものの価値を薄めてしまう。**技能や知識も容易に身につけられるものではない。忘れないでいただきたいが、**学校は勉強するところであり、卒業証書をもらいに来るところでも、人を感心させる成績を積み上げに来るところでもない。**気楽で楽しいクラスだと思ってほっとしていると、何かを達成しようという気持ちや頑張ろうという気持ちは失せてくる。何か意味のあることをしたいと思うなら、それを手に入れられるように努力しなければならない。それが人の世の常であり、学校の門を出ても、それは変わらない。知を獲得するというのは、きっとそういうことだろう。失敗することがあっても立ち止まらず、消極的な気持ちや不安や自信喪失も乗り越えて、ただかたちだけではなく、本気で頑張る。プロセスこそがすべてであり、そこに近道はない。

つらいことにぶち当たったら、それを何とかする。限界を感じても、それを押し広げる努力をする。自分の思いどおりにいかないときは、もう一度やってみる。そうして初めて、きみの価値は本物になる――何より、自分自身にとって確かなものになる。テストでいい点をとったり、野球で二塁打をかっ飛ばしたり、ショパンの曲を演奏したりすることは、それだけでも間違いなくすごいことだが、同時に、**その価値や満足感の背後にある努力の意味を教訓として教えてくれると思う。それらを成し遂げると、自分にもできるということがわかる。**そして、長い目で見ると、そういう経験が結果に関係なくものをいうようになる。

同じように努力しても、テストで失敗したり、二塁でアウトになったり、ショパンの曲がうまく演奏できないことはある。大人になると、そのテストのことも野球の試合のこともショパンの曲のことも忘れてしまうかもしれないが、**学校時代に植え付けられた努力しようとする姿勢や習慣はいつまでも残る。**ほんとうだ。アリストテレスも「わたしたちは日頃の積み重ねの結果だ。素晴らしい人がいるとしたら、それはそのときだけ素晴らしかったのではなく、日頃から素晴らしいということだ」と言っている。だから、きみたちの前にも熱く、長い道路が延びているとしたら……全力で向かっていくことだ。大切なのは「打ち込むこと」であり、同義語はない。

というのは、言うは易しか。

確かに、働くことの喜びを必死になって、ばかみたいに熱弁することくらい、簡単なことだし、おそらく誰でもやることだろう。一方では、人里離れた山奥にこもっている人でもない限り、誰でもまったくどうしようもなくつまらない仕事がたくさんあることを知っている。誰にも感謝されることなく、やっていてただ苦痛なだけの仕事が山ほど、何千とある。退屈だが、骨は折れ、危険で、微々たる給料しかもらえず、身を削るような、めちゃくちゃな仕事だ。多くは、わずかばかりのメシの種を除けば、何の満足感も報われたという実感ももたらさない。ほら見ろ、世の中に利用されるだけじゃないか、誰もやりたがらないことをやらされるだけだ、ひどいもんだ、というわけだ。いいだろう……**こういうことを、文句一つ言わず、最後まで黙々とやり抜くところにも自尊心は見出せるものだが。**

いまの標準的なハイスクールの生徒は、面倒そうな仕事に直面すると、首をすっこめてやり過ごそうとするか、陰で、ぼくの人生を決める権利はぼくにあるんだというつぶやきに没頭するか、その両方か、またはそれ以上だろう。あるいは、かたちだけやっているふりをして、それですんだことにして、もしかしたら、あんなもの、ほんとうならぶっ飛ばしてやるところだと自分に言い聞かせているかもしれない。

だが、どのように頭の中を引っ掻き回したところで、いやだと思っている限り、その気持ちがむかつきをつれてきて、文句を言ったり何もせずにいたりするむなしい喜びも台無しになってしまう。かたちだけやったことにしても誰も満足しない。それに、自分を甘やかしていると、その姿勢がほかのことにも伝染することがよくある。挑戦しようとせず、頭の中で考えてばかりいたら、自分にできないことがあることもわからなくなる。だが、ぶつかるのを避けた壁はそのまま残る。しかも、なまける気持ちは——あるいはまわりの囚人仲間の無気力も一緒になると——いとも簡単に大人の権威に反抗する姿勢につながってしまう。

学校を自分たちの意思に反して何かをさせられるところと位置付けてしまうと、このように受動的で反抗的な姿勢が心地よいものになる。偉そうにしている大人をいらだたせ、驚かせ、激怒させる……そういうことは多くのティーンエイジャーが何より望んでいることでもある。仕返しと言ってもいい。何もしようとしない態度は、まわりでよく仕込まれたプードルのように親に何か言われたらすぐに息せき切ってうれしそうに飛びついて、教師たちにも大事にされ、自分たちの態度の悪さをよけいに引き立たせている上機嫌な愚か者たちを半ばあからさまになじる行為にもなる。

こういう態度をとらせようとする誘惑には抗うこと、あるいは、少なくともよく考えてみることだ。結果的にいちばん苦しむのはきみになり、実際にはきみが一人で苦しむことになる。それよりも、**何かで仕事に抵抗を感じても、まずは自分で**「**さあ、**

やるぞ！」と声を出してみて、そんなものはとっととかたづけてしまうことだ。

『森の生活 ウォールデン』はこうして生まれた

ヘンリー・デビッド・ソロー［訳注2］はコンコードの町で変人と思われていた。当時の彼が変人と呼ばれていたわけではないが、そう思われる人はいつの時代にもいる。背が低くて、鼻が大きく、とっつきにくい性格で、プロレタリアだった彼は、じっとしていることができず、また、屋内に留まっていることもできず、近所の人たちの感覚になじむ生き方ができなかった。妻はおらず、子どももなく、定職にもつかず、金や財産やしきたりといったものにはまったく興味がなかったが、身体はかなり丈夫にできていた。ウッドチャックみたいな男と評している人も一人や二人ではなく、何でも自分がしたいと思ったことをして暮らしていた。手先が器用で、身のまわりのものは何でも自分で手際よく、上手に作ることができた。原野や森や沼沢地を5時間も6時間もあてもなくさまよっていても何とも思わなかった。

まわりの人たちは――別に褒め言葉でも何でもなく――まるでインディアンのように軽々と自然の中を飛び回る彼の姿を目撃していた。彼は道路が嫌いだった。近所の人たちにはよく理解できない理由で、彼は山に登り、聖書を陳腐なものと見なし、それに重きを置くのは自分で考えるのを放棄する行為と考えていた。蟻、樹皮、コケ、蚊、岩、土など、自然の中の物に彼は恍惚と見とれた。彼には自分で決めた原則があり、それはいつも守っていた。また、自分の意見も持っており、それをうるさがるまわりの人に格言のように垂れることには、何の痛痒も感じていなかった。

麦わら帽子をかぶり、ある時期には、不思議な首の鬚《ひげ》が独身生活の継続を確約するものとなり、ある女性の友人もそう断言していた。彼の体には鳥がとまった。若い頃に自分の名前をデビッド・ヘンリーからヘンリー・デビッドに変えたところも、また一つの奇矯なところと見られていた。だが、どういう名前にせよ、彼はいつも、敢然として、自分の意思で生きており、そうすることにいたって満足していた。彼は自分のことをごく普通の人間と言っていたが、自分に一般の人と共通するところがほとんどないこともわかっていた。今日のコンコードに生きていたら、彼はおそらく医師の診察を受けさせられ、治療を受けさせられていたことだろう。

ソローは教師をしたこともあった。近所の評判では、子どもの興味に従ってカリキュラムを組むべきだという異端の考え方を持ったダメな教師だった。ハイキングや川泳ぎや葉っぱの観察に知性を働かせる価値があると考えていた。言うことを聞かない子どもをむちでたたくのは恐怖を与えるだけで、しつける行為にもならないと考えていた。また、同じコンコードの住民のエッセイや講演からも多くのヒントを得ていた。多くの人の尊敬を集めていたラルフ・ウォルドー・エマーソン〔訳注3〕だ。エマーソンをよき友にして師と見なしていたソローは、彼と長い時間、詩や哲学や人間の本質について語り合い、この偉大な先輩の家でも長い時間を過ごし、吸収できる限りのことを吸収した。ときには、エマーソンに対しても、その上から目線の態度や、貴族的な物腰や、巧みな偽善に激高することがあった。そういうときに彼がとった反応は、もっと外へ出ることだったみたいだが。

1845年、ソローはエマーソンに、町からそれほど離れていない池のほとりにエマーソンが所有していた森に自分で小屋を建てて、しばらく住んでもよいかとたずねた。エマーソンはいいよと答えた。その年の3月、ソローはその森へ向かい、小屋を建て始めた。

ソローがウォールデン池のほとりで過ごした時間は、もちろんいまでは伝説に包まれ、歴史や文物の中に閉じ込められているが、わたしはさらに、教育の中にも生きているると申し上げたい。彼があそこで孵化させた考え方は世界を変えた。彼は隠者でも、ぶつぶつと文句ばかり言っている人間嫌いの男でも、自然のバイブレーションに耳を凝らしている元祖ヒッピーでもない。彼は町から歩いてすぐに行けるところに住んでおり、町にもよく出かけていた。池から石を投げたら届くところに自分で小さな(10フィート×15フィートの)小屋を建てたが、それは頑丈で、快適で、窓が二つのほかに、暖炉も客を通して話をするスペースもある小屋だった。庭も作り、客ももてなした。そして、森や原野に分け入った。池で釣りをし、そこで泳ぐこともあった。物事をシンプルにし、頭と心を解放したのだ。彼は本を読み、文章を書き、22か月をそこで過ごした。その目的を、彼はあのアメリカ人の必読書の中で、素晴らしい――あまり簡潔とは言えないかもしれないが――文章に次のように書き記している。

森へ行ったのは、意図的に命の本質的な事実とだけ向き合って生活をしたかったからだった。命から学べるはずのことを学んでいないのではないか、死ぬときに自分がちゃんと生きてこなかったことがわかるのではないかという思いがあったからだった。本質的ではない命は生きたくなかった。命は何より尊いものだ。絶対にそうするしかない限り、慣例に従って去ることはしたくなかった。わたしは深く生き、命の真髄をすべて吸い尽くしたかった。本質的ではないものがすべて逃げ出すまで、ぐいぐいと、スパルタ人のように生きたかった。広大な草原の草を根元まで刈り払いたかった。命を片隅まで追い詰め、それ以上分割しようがないところまで突き詰めたかった。そして、その結果、それがつまらないものであることが見えてきて、何もかも、とことんまでつまらないことがわかったら、そのつまらなさを世界に向かって発表したかった。あるいは、ほんとうに尊いものであることがわかったら、それを肌で実感し、次に何かを書くときに、それを実話として伝えたかった。なぜなら、ほとんどの人は、わたしが見るに、命について、それが悪魔の仕業なのか、神の仕業なのか、なぜかよくわからずにいて、少し拙速気味に「神を称えて、それを永遠にあがめること」がこの世の究極の目的だと思い込んでいるように見えるからだ。

この一節は、ソローが池での日々を綴った『森の生活　ウォールデン』の中でも重要な一節、もしかしたら最も重要な一節と言ってもいいだろう。この文章は、古くから自然に対する卓越した科学的考察として、環境保護運動の高らかな宣言として、また、米国が世界の哲学に残した最大の功績として取り上げられてきた。ソローはそれを、自分の思いに導かれるがまま生きてきた結果、そう思ったから書いたのである。同義語反復がある、わかりにくい、否定的立論だと、いろいろなことを言われているが、わたしにとってこのあちこちで引用されている一節は、**学習することが絶対に必要不可欠であること、自分の一生に一度の人生をできるだけ余すところなく生きるために自分を教育する責任を喜んで負うことを訴える、涙ぐましい言葉のように思える。**自分の頭と心に命を最適に生きるために自分がどこで、どうして生きていくことを選んだかを言い聞かせているのだ。ソローの場合、それが例の森だった。人によっては、冒頭の「森」が「学校」になっても、どこになってもよい。「海岸へ行ったのは、意図的に命の本質的な事実とだけ……」でもよいし、「街へ行ったのは……」でもよいし、「山へ行ったのは」でも「砂漠へ行ったのは」でも「サバンナへ行ったのは」でも「ジャングルへ行ったのは」でも「郊外へ行ったのは」でもよい。

どこであれ、そこがポイントになると思ったのであれば、同じことだ。（成り行きに任せるのではなく）**意図的に生活し、注意を払い、事実と向き合って、経験を通して知を獲得し、意味のないものは避け、真実の話を伝え、出来合いの解答には用心し、自分が何を目指しているかを常に念頭に置きながら、全力を尽くす。**それが英知というものだ。

20年もたたないうちに、コンコードのメインストリートに面した彼の自宅で、まだ著作が十分に世の中に広がらず、何千ページもの未発表の原稿が残された状態で、「ムース……インディアン」という、謎めいた、美しい響きのある言葉をあとに残して、ヘンリー・デビッド・ソローはまだ44歳という年齢で、結核により死亡した。遺体は町内に埋葬された。だが、その考えはいまやあらゆるところに広がっている。

『マストの下に二年』はこうして生まれた

1834年——ソローがエマーソンの森に分け入る11年前、若き日のメルヴィルがアクシュネット号に乗り込む6年前——資産家の息子に生まれ、手はやわだったが、心には筋金が入っていて、やはりエマーソンの教えを受けたことのあるリチャード・ヘンリー・デイナ[訳注4]が視力に障害を来したために大学をやめた。デイナはそれまでにも一度、ハーバードに行かなかったことがあった。クラスメイトへの処罰に対する反対があまりにも目に余ったので、停学処分を受けていたのだ。だが、このときは麻疹の後遺症で目が悪くなっていたし、ハーバードの狭量さや決まりきったやり方に対する嫌悪感もあって、文字を読むのが苦痛で仕方なくなったのだろうと推測されている。とはいえ、家でごろごろしていたわけではなく、彼は海に出た。身の引き締まるような空気を吸ったり何かするためだ。

なお、これは金持ちの大物がするような贅沢で豪勢な船旅ではなかった。至れり尽くせりのサービスを受けて時間を持て余している船客ではなく、ディナは下級の船員として海に出た。ボストンからホーン岬をまわって、まだほとんど原野で、のちにメキシコ領の一部になるアルタ・カリフォルニア（現在のネバダ、ユタ、アリゾナ、ワイオミングの一部まで含む地域）まで、革にして売るための牛の皮を集めに行く2本マストの貨物船ピルグリム号の甲板員、労働者になったのだ。

この上なく荒っぽい条件のもとで、自然の猛威とあらゆる船旅の危険にさらされながら、ディナはひどい扱いを受け、選択肢も与えられず、決死の覚悟で乱暴な仕事をこなすタフな男たちの間に交じって働き、生活をした。すべては経験を積むためだった。こういうことは前例がなかった。貴族のような暮らしをしてきた若者が自分の意思で特権も心地よい生活もなげうって、奪い合いや格闘を繰り返す下級船員たちの間へ飛び込んでいた。先駆者と言ってもよい。今日の若者たちが第三世界へボランティアに行くようなものだろう（何でも心得顔で話したがる勉強の得意な子は、デイナはそういう世界に飛び込みたかったのではなく、ハーバードがいやだったのだと言うかもしれないが）。彼を知る人たちの目には、このデイナの冒険は自己犠牲、ほとんど自殺のような行為に見えた。だが、彼にとっては、これはスリリングな冒険以外の何ものでもなかった。１８４０年に出版された彼の体験記『マストの下に二年』に、彼はこう書いている。

12時には乗船した。完全帆装の状態で、チェストには2年か3年の船旅の間の着替えが詰まっていた。できれば、生活を一変させ、本や勉強からもしばらく離れ、弱くなった視力を癒そうと思って決めたことだった。研究はあきらめざるを得ず、医学ではどうも癒せそうになかった。

ハーバードの学生時代のぴっちりとしたドレスコートとシルクのキャップとキッド革の手袋をぶかぶかのダックパンツとチェックのシャツと防水のセーラー帽に変えるのはちょっとした変身だったが、それもすぐに行い……。

この変身の効果は、単に治療だけにとどまらず、また、単に教育だけにもとどまらず、奥深くにまで及んだ。最初の彼は痛々しいほど自分のことばかり気にしていて、ほとんど何もできない人間だった（「この世で初めて船員生活を始めた陸の人間ほど救いようがなく、哀れなものはない」）。だが、がむしゃらに努力して、この若者は変わっていった。水ぶくれはタコになった。ロープのことも一から十まで学んだ。視力もよくなった。体は丈夫になり、腕や肩にも肉がついてきた。心臓にも毛がはえた。

そして、じきに、船員仲間から一目置かれるようになった。彼は彼らのことが好きになり、彼らのほうも彼が好きになり、その新しい仲間たちには厳しい未来が待ち受けているが、自分にはボストンやハーバードや貴族のような暮らしが待ち受けていることも常に忘れたことはなかったが、彼はすっかり彼らの中に溶け込み、彼らも同じ人間であることを認識した。彼らの不安が自分の不安にもなったのだ。

彼らは困難な条件に耐え忍んだだけでなく、サディスティックな船長の虐待にも耐えた。サンペドロの沖に停泊していたある日、ディナは二人の仲間が船長の気分以外には何の理由もなしに縛られ、むちで打たれるのを見た。どちらもいいやつばかりだった。気分が悪くなった。ディナは目をそらさなかった。そして、彼の中に一つの決意が芽生えた。

一人の独裁者のもとに置かれたわたしたちの状況を考えた。わたしたちが属する国がどういう国かも考えた。船旅の長さや、また米国まで帰りつけるかどうかよくわからないことも考えた。そして、仮に帰りつけたとしたら、これらのかわいそうな男たちのために正義を実現し、納得のいくようにしようと思った。仮に神がその手段を与えてくれるなら、その当時、わたしもその一員だった哀れな階層の人たちの怒りの原因を正し、苦しみから解放しようと誓ったのだ。

帰港後、彼が不正の是正のためにしたのは、本を書くことだった。それにとどまらず、彼は弁護士にもなり、法の届かないところで無力に虐待を受ける「哀れな階層の人たち」を依頼人として弁護することをライフワークとした。その努力に報いてもらえることがめったになかったことは書き添えておいてもよい。デイナはすぐに自分が育った社会階層とその教育が、自分に変革を起こし、搾取され虐待されている人たちのために正義を実現する手段を授けてくれていたことを知ると同時に、自分には、それを行使する責任があることも悟った。「わたしたちは高みから下りていかなければならない」彼はそう書いている。

あまりにも異なった現実があることを知ったら、まっすぐな道からそれ、世の中の脇道や低所へ下りていくのだ。そして、掘っ立て小屋の中や、船の甲板や、異国の地のあぶれ者たちの間で、事故や困窮や悪徳のためにわたしたちの仲間にどういうことが行われているかを目で確かめるのだ。

これは、情に流されているのでも、恵まれた人間が哀れな人を見下しているのでもなく、じかに目で見て、肌で感じた不正に対する率直でプラグマティックな反応だった。**どんなに重要な洞察でも、どんなに高邁な良心でも、反応しなくて何の意味があるのか？** どんなに熱い思いがあると言っても、手をこまねいているだけでは何にもならない。

陸に上がったディナは強い目的意識を持ってハーバードでの勉強を再開し、1837年のクラスを卒業した。同じ年の春に卒業証書発行料5ドルの支払いを断ったクラスメイトがいた。コンコードから通ってきていた独立心旺盛な、小柄なウッドチャックみたいな男だ。「ヒツジはみんなヒツジのままでいればいい」その男はそう言っていた。二人の著述家には（ヘンリーという名前や、エマーソンとの接点や、ハーバードの1837年卒業という共通点もあったものの）、もちろん、いろいろと違いがあったが、『森の生活』と『マストの下に二年』はどちらも冒険物語であり、その中では、博学で文学的感性を宿した若者が純粋に経験を積むために何年か脇道にそれ、思うに任せぬ生活を送っている。快適な生活や世に言う出世の階段には背を向け――実際には、世の中のあらゆるものに背を向けていたが――自分の志向に従い、他人の言うことにはかまわず、手つかずの場所や粗野な男たちに出会い、受けねらいで変わり者を気取るわけでもなく、新しい生き方に挑戦している。

彼らの著書はどちらも米国文化の名作にして基本経典のようなものであり、あとから来る偉大な思索家や行動派や著作にヒントを与えるものであり、いささかの皮肉も交えず、本の枠を超えて教育の価値を説いている。デイナとソローはいまでも変わらずその本の中におり、わたしたちが何かを求めていくのを待っている。

「自分の魚を見ろ」

デイナとソローがハーバードを去って10年後、ルイ・アガシが現れた。ただし、学生ではなく、さらに言えば、ただの教授でもなく、アガシは当時の科学界の風雲児だった。[*1] 若き天才で、国際的にも名を知られていて、偉大で、やる気にあふれ、博識で、カリスマ性のある個性の持ち主であり、ずば抜けて優れたナチュラリストだった。彼がハーバードに来ることは、ハーバードもいよいよ世界レベルになったと、ニュースの大見出しにもなった。アガシ教授の授業はほとんど来る者を拒まず、それまでの学歴や資格も問わず、何より女性も排除しなかったところが大きな驚きをもって迎えられた。科学は万人のためにある、と彼は信じていた。おそらく、正確ではないと思うが、「本ではなく、自然を学べ」と言ったともされている。

だが、確かに、この言葉の言わんとするところはそのとおりである。アガシは学生たちに自分の発見や教育に責任を持たせようとした。観察力を磨かせ、研究材料をその材料がある場所、すなわち自然の中でありのままに観察させ、そこから自ずと見えてくるものから関連性の糸をたどり、結論を導き出すようにさせようとした。本から得られる洞察や知識は受け身で獲得する洞察や知識であり、多くの人の受動的な容認のプロセスを経ており、著者の切り離しがたい主観によって影響され、ゆがめられていると考えていた。

さらに、そうした洞察や知識は受け取る側にとっては面白いかもしれないが、科学の観点から言うと、古い考え方を新しい頭の中に入れてカタカタと揺するのは、まったくもってむだなことだった。アガシの友人だったエマーソン（また登場する）は、1836年に『自然論』の中でこう書いている。

これまでの世代は神と自然を対置し、わたしたちはそれらの目を通して物事を見てきた。どうしてわたしたちもこの宇宙と独自の関係を結ぼうとしないのか？　わたしたちも伝承によらず、洞察を詩や哲学に表現すればよいではないか。神と自然の歴史ではなく、わたしたちに見えてくるもので宗教を作ればよいではないか。……太陽は今日も輝いている。大地では、新しいヒツジが育ち、新しい亜麻が育っている。新しい土地、新しい人、新しい考えがある。わたしたちも自分たちの産物や法律や信仰を持とうではないか。

アガシはこの考え方を科学に取り入れた。

有名な話だが、尊敬を集めていたこの教授は、初めて自分の授業を受ける学生に、ホルマリンの入ったバットからとうに死んでいる魚を取り出して、勝手に観察させておいた。まさにこの考え方のとおりだ。教科書も、講義もない。図書館へ行って調べ物をすることもない。要点を質問して、それに回答させることもない。足並みをそろえろと言うこともない。週末におさらいの小テストをすることもない。やさしく肩に手を置いて、どう進めたらよいかをささやくこともない。教師が備品カタログから注文した、生徒に発破をかける派手なポスターが壁に貼り出されることもない。

ただ学生とその頭と各自に配られた魚があるだけで、後者はピクリとも動かず、学生たちの前のバットの中でいやなにおいを放っている。「どうしろと言うんですか?」決まって、面食らった学生はたずねる。「自分の魚を見ろ」アガシはそう答える。

だから、絶対服従の学生は見る。それでも、最終的には、死んだ魚を見つづけていることに疲れてくる。あるいは、教授の期待に応えたいと思う気持ちが抑えられなくなる。もしかすると、いつまでも見ていたらいけないのではないか。もしかすると、自分はまったく勘違いをしているのではないか。もしかすると、自分が聞き逃しただけで、ほかに指示が出ていたのではないか。いや、来週テストか何かがあるかもしれない。学生たちはたまらずもう一度たずねる。

「自分の魚を見ろ」アガシも同じ返事を繰り返す。

そこで、おそらくため息が漏れ、おそらく不満そうな表情もちらりとのぞき、学生たちはまた魚を見る。そして、最終的には——徐々に、あるいは全員一斉に——気づきの瞬間が訪れる。口は閉じていても、目がきらりと輝く。えら、うろこ、ひれ……と見ていくうちに、そうか、魚にも生きていくために必要な機能が備わっているんだ、と思うと、今度は口、歯……と、いたるところ、あらゆるところに、ほかの動物との共通点や違いが見えてくる。別の魚を思い出した学生もいただろう。リスや、ウシや、ツバメや、人間を思い出した学生もいただろう。それまでには考えたこともなかったことだ。

しばらく時間はかかったが、最終的には、じっと見ていたら、そういうことが起こった。何かがカチッとかみ合った。いきなり、目に映るものが違って見えてきた。アガシには、口でたずねなくても、経験でわかった。学生たちは一人一人、自分だけの視野、自分だけの意識に到達していた。**ものを見る力をつけることによって、見える世界が変わってきた。新しい景観。それを今度は意味のあるかたちで表現していこう。自分が学んだことだ。それを何かのかたちにしていくのが自分の責任だ。**新しい視点を獲得し、新しい喜びを見出した。

これが教育だ。

わたしにはそれが、本で読んだからわかっている。それも教育だ。

好奇心は自分の中からしか湧いてこない

確かに、ジャックの紙とスコッチテープで作ったミレニアム・ファルコンとアガシの学生の魚との間には、大きな開きがあるだろう。うちの息子のベニー・グッドマンの『シング・シング・シング』に関する作文とソローの『森の生活』やディナの『マストの下に二年』も一緒にしてはいけないだろう。

だが、申し上げたいのは、どれだけかけ離れていても、これらの人の頭の中は、自分がいまやっていることに夢中になっているだろうということだ。好奇心が自分を突き動かしている。一過性のものではない。じっくりと腰を据えて取り組むものだ。ほんとうにいいものというのはこういう状態になって初めて生まれてくるものであり、その結果が崇高なものかどうかは関係ない。

それと、もうひとつ、こうした好奇心は自分の中からしか湧いてこない。**教師は生徒を何かに夢中にさせることはできない。**せいぜいグレイビーソースやラズベリー入りのタピオカを大好きにさせる程度のものだ。どんなに趣向やテクニックを凝らしても、それに、そう、熱い思いをこめたとしても、教師は（あるいはコーチや家庭教師や親や友人も）誰かの襟首をつかんで言い聞かせ、インスピレーションを湧かせることはできない。つまり、**きみたちは自分で自分のしたいことを見つけなければならない**ということだ。これは別に、それほど大変なことではないだろう。

きみたちに求められるのは、何かをしたいなあと思いながら、頭と注意力を働かせておくことだけだ。それを心掛けておくと、いずれ外の世界にしろ、中の世界にしろ、きみたちも自分の冒険の旅に出ることになるだろう。結局のところ、この世界には、わたしたちに語りかけているものが無数に眠っている。じきに、きみたちにとっても楽しいこと、夢中になれることが見つかり……またそれがほかの誰かのものと一緒になることもないだろう。

＊1　彼はチャールズ・ダーウィンの進化論に異を唱え、その人種に関する醜悪な考え方はのちに彼の名声を汚すことになる。だが、それでも彼の業績が曇ることはなかった。

訳注1　ノーマン・マクリーン　1902〜1990年。アメリカの作家。シカゴ大学の英文学の教授を定年退職後、亡き弟の思い出をもとに執筆した処女作『マクリーンの川』が絶賛され、映画化もされた。映画の日本公開時のタイトルは、原題どおりの『リバー・ランズ・スルー・イット』

訳注2　ヘンリー・デビッド・ソロー　1817〜1862年。アメリカ・マサチューセッツ州コンコード出身の作家・思想家・詩人・博物学者。代表作は『森の生活　ウォールデン』

訳注3　ラルフ・ウォルドー・エマーソン　1803〜1882年。アメリカの思想家・哲学者・作家。マサチューセッツ州ボストン生まれ。代表作は『自己信頼』

訳注4　リチャード・ヘンリー・デイナ　1815〜1882年。アメリカの法律家・政治家。マサチューセッツ州ケンブリッジ生まれ。代表作『マストの下に二年』は、日本では『帆船航海記』という邦題で1977年に出版された。

第 4 章

なぜ大学に行くのか？

ランキングに振り回されるな

人魚の歌を聴かせてくれ
それとも、妬みの声をふさいでくれ
そしたら、聞こえる
どこからか風が吹き
正直な心がこぼれてくる

——ジョン・ダン著『歌』

大学進学率70％の時代に

だが、ここで厄介なことがある。きみは蝶を追いかけてはいられない。魚に見とれているわけにもいかない。きみにはやることがある。目的がある。大学に行くのだ。そのためには大学に合格する必要があり、そのためにはいい成績が必要になる。それも、親御さんが何年も何年も頑張って、何とかきみたちを入れようとしてきた、あの珠玉のようなエリート大学、あの高い塀に囲まれた学問の聖域となれば、素晴らしい成績が求められる。特進コースで目覚ましい成績、ほぼ完璧に近い成績をとって、SATやACTでも点数が天井に届きそうな成績をとって、その上、それにプラスする何かをする。いいだろうか、きみたちは競争をしていて、同じようにしている人がほかに大勢いる。だから、ここではしばらく勉強する楽しさや何かのことは忘れ、きみがやらなければならないもののことを考えてみよう。

お金はお金の山につながる。

現在では、全米の公立大学でそれなりのお金を払えば、ほんとうに価値のある、ほんとうに自分を変えることのできる4年間の経験を積むことができる。それ以外の道を考えるのは愚かなことだ。でも、厄介なのは、こちらがいくら優秀でも、向こう、すなわちエリート私立大学のほうがその上を行き、通常は何をもって「上」と言うかにほとんど考慮が払われていないことだ。世界が豊かになってきたおかげで、この頃では、米国のハイスクール卒業生の約70％が大学に行っているが、外国からも、日増しに多くのやる気も能力もある学生が米国の大学に入るようになっている。

　学歴は以前より多くの人にとって問題になっているように思われる。しかも、志願者も、お金も、先生方も評判のいいほうへ吸い寄せられるとなれば、この危機感が現実になってこようというものだ。これはまずい。多くのハイスクールの生徒や親御さんにとって、大学に入ることがすべてのようになっている。最近は——その結果として——人気のある大学では、入学志願者の数がうなぎ上りに増加している。志願者は決まった数の学校にしか願書を出せないので、こうなると当然、合格率が落ちてくる。つまり、大学卒の値打ちはそれだけ上がるということであり、そうなるとまた志願者が増えて、入るのが難しくなり、そんないたちごっこが繰り返されている。

　もちろん、そんな様子は子どもたちにもすべて見えており、自主的に淘汰される子どもが出てくる。努力する前から、自分には無理だとあきらめる。あるいは、ほかにやりたいことを見つける。あるいは、何事にも無関心になる。これは彼らのハイスクール生活、ひいてはその学ぶ姿勢や成長にも大きな影響を及ぼす。そして、大学を目指している多くの子どもの間に、どんな大学を目指しているかにかかわらず、緊張感が芽生えてくる。エリート大学と言われるところを目指している多くの生徒たちの間では、この緊張感がひどくなることがある。

取り残される子どもには、何が何だかわけがわからない。

まあ、ここでは頂点から考えてみよう。ハーバードだ。誰もが勲章とするハーバード。1636年に設立され、トップの中のトップの座に君臨し、1万人の俊英を輩出してきたハーバード。卒業生には、エマーソン、ソロー、デイナ、二人のローズベルト、ケネディ兄弟、ヘンリー・ジェイムズ、T・S・エリオットなどなど。ジョン・ハンコックも、J・ロバート・オッペンハイマーも、レオナード・バーンスタインも、ヨーヨー・マも、ベナジル・ブットも。これがハーバードだ。8人の大統領を輩出し、存命中の億万長者は62人いる。教壇には、ロングフェローも、キッシンジャーも、もちろんアガシも立った。

本書執筆中の相場では、ハーバードの学費は年間5万4000ドルを超えるという。4年となると、100万あっても4分の1近くはなくなる勘定だ。プリンストンはこれよりほんの数千ドル安く、イェールは数千ドル高い（この手のことに関しては世間から——わたし自身はよけいなことだと思うが——決定版だと思われている『USニューズ&ワールドレポート』の全米大学ランキングでは、ハーバードとプリンストンが毎年のように1位の座を分け合っており、それに関する異論もほとんど聞こえてこない)。来年はこれらの3校で価格が上がり、ほかの学校でも右へならえが起こるだろう。どの学校でも学資の援助は行っており、気前のいい援助を行っていることも多いが、これはニーズに基づいて客観的に提供されているものであり、しかもそれが大学側の認めるニーズであって、学生側のニーズではない。そのコストが膨らんできているので、一部の学校はその気前のよさを維持していくのは難しくなると予測している。

そりゃあ、綺羅星のごときクラスができる。面白く、重要なことに取り組むほとんど天才の集まり。高邁な理想が漂い、歴史ある高尚なしきたりが受け継がれる堂々たる施設。刺激的で、やる気をかき立て、緊張感に満ちた雰囲気の中でする仕事というのは、素晴らしく頭を刺激して、地平を広げ、深遠な深みに達し、人生を変えて、綺羅星の中に居場所を確保し、以後、そこにとどまることになる。

超一流の教授陣、超一流の学生たちがいて、きみも……知識と理解を広げるために知力を奮い起こし、英知を積み上げ、想像力に火をつけ、この星をよりよい場所にし、人類を指導してその場所に見合った存在に引き上げる。何とわくわくすることか。何と重要な役目を担うことか。

でも、もちろん、そんなことはごく一部の話に過ぎない。

ほとんどの子どもにとっては、大学なんて、まったくたわいのない世界であり、ちぇっ、ルームメイトのやつは洗濯用の洗剤をどこへやったんだと考えてみたり、中庭の栗の木の下で同じクラスのとび色の髪の女神の姿が逆光に浮かび上がっているのが見えたら、さて何と声をかけたらいいだろうと考えてみたりする。図書館の隅の静かな空間で居眠りをしたり、大学のフットボールランキングのことでやり合ったり、寮対抗の雪合戦をしたりする。それで1年5万4496ドル。いや、1年にもならない。8か月がいいところだ。休みばかりがあって、いつ学校があるのかと思うほどだし、この頃では、10月休みまである。だから、月6812ドルとしよう。週1500ドル、プラスマイナスαだ……キャンパスにいる時間は2年半と少しなのに。

それで……行く価値はあるの？

親に貯金しておいてもらったら――わたしの生徒や子どもたちには、ときどきそう言う――それで、近所の町の図書館に行って、32か月、そこに座って本を読んでいればいい。よけいなものを整理するのだ。あとは自分の興味にまかせる。自分にかかってくるものは大きくなる。シェイクスピアの全集なんて、手始めとして悪くない。あるいは、『ドン・キホーテ』とか。あるいは、ディケンズでもいい。でも、それはわたしの場合だ。歴史、科学、数学、地理、工学、経済、文学……何でもある。選ぶのはきみ。そこがミソだ。そのうち夢中になってくる。自分の教育を完全に自分の考えたとおりに進め、何でも自分の興味の向かうほうへ進んでいく。

あるいは、ポケットにお金を入れて、パリでも、札幌でも、ムンバイでも、どこでもいいから部屋を借りる。そして、近くの店で仕事を見つける。言葉を覚え、文化を学ぶ。友だちを作る。街を歩き、そこを眺める。何か一つのことをやってみて、また別のこともやってみる。

あるいは、アガシスタイルで、何かについて誰にも負けない権威になる。ピョートル大帝の時代と人生でもいい。戦艦ビスマルク号の沈没のことでも、ひも理論のことでも、規模の経済のことでも、氷河のことでもいい。仮に氷河を選んだとしよう。いいではないか。アガシはこれがうまくいった。氷河について、ありとあらゆるものを読む。それから、カメラを持って、靴底にもアイゼンを付けて、アルプスからアンデスまで、あちこちの山に登り、そこで眠り、聞こえてくるものに耳を澄ます。サンプルも採取する。氷河の上にいる自分の動画を撮って、YouTubeにアップする。ブログを書いて、記事も寄稿し、回顧録も出す。タイトルは『氷の上で』とする。テレビのドキュメンタリー番組もきみのことを取り上げる。スティーブン・スピルバーグが権利を買う。きみも映像の中に出演する。

あるいは、そのお金をはたいて、自分で頑丈な帆船を買う。自分で操縦ができないほど大きくてはいけないが、遠洋にも出られるくらいの大きさにはする。帆の張り方や航海の仕方を学ぶ。船には母親か気に入った鳥かリチャード・ヘンリー・デイナの名前をつける。そして、ジョシュア・スローカム[訳注1]の世界周航記か、アーネスト・シャクルトン[訳注2]の探検記か、トリスタン・ジョーンズ[訳注3]の航海記か、トール・ヘイエルダール[訳注4]の探検記を読む。ネビル・シュート[訳注5]の『海の彼方の遺産を追って』でもいいし、『バウンティ号の反乱』[訳注6]の反乱のあとのブライ艦長のことを読んでもいいし、ナサニエル・フィルブリック[訳注7]の捕鯨船エセックス号の海難事故の話を読んでもいい。潮に乗り、帆を張って、見渡す限りの水平線を目指す。日焼け止めを忘れずに。

あるいは、軍隊に入隊する。国に奉仕するのだ。

あるいは、大地震に見舞われたハイチのポルトープランスへ行って、自分の力とやさしい気持ちと21万7884ドルで何ができるかを試す。

32か月にわたってこれらの冒険のいずれかをして帰ってきたきみは、たとえばハーバードに32か月いたより学んだことが少ないだろうか？　**心の豊かさや行動力の点でハーバードへ行っていたより劣るだろうか？　もっと役に立つ人間になっているのではないだろうか？**

あるいは、こんなずるい手も考えられる。州内のまずまずの学校へ行き、浮いたお金を着服するのだ。たとえば、ハーバードがあるケンブリッジから西へ90マイル行ったところにあるマサチューセッツ州立大学アマースト校なら、学費はハーバードの半分にも満たない。それなりの教育を受けて、10万ドルを超える小遣い銭ができる。これも出発点としては悪くない。

いずれも、ちょっとは考えてみる価値のあるアイデアばかりだ。

生徒たちはたいてい、へらへらと笑い、うなずき、何か言いたそうにしている。「まあ、いい。自分の思うようにやって、いろんな経験をしてこい。わたしはここで、毎日あくせくやっているから」そう言うと、なかにはぽろりとこうもらす生徒がいる。「わかりました。でも、仕事はどうするんですか？」

そんなものは自分次第だよ、と答えたい。普通のことをやっていたら、普通のところにしかたどり着けない。でも、それでは、大学はただの職業訓練の場や、卒業証書をもらうだけのところや、人脈を作るだけのところになるのではないだろうか？　あるいは、期待する親を喜ばせるところとか？　あるいは、思春期のお酒や異性に対する興味を発散したり、気の合った仲間と仲良しごっこをしたりするだけで大人になった気分になるところになるのではあるまいか？

それとも、せっかくの知性を自分に有利だからという理由でわざわざ世の中の枠の中に閉じ込めるところになることもあるのではないか？　いずれにせよ、あとで履歴書を見て面白いと思うのは、30か月ハイチに行って、自分にできることをやってきたような子のほうではないのか？　どっちの経験のほうにひかれるだろう？　どっちの経験のほうがすごいと思うだろう？　自分たちの職場のチームにほしいと思っている感性や能力を持っているのはどっちの学生だろう？　どっちのほうがいっぱい勉強していることになるのだろう？

それなのに、最近では、大学を卒業する若者の多くがまるで土曜の昼間に映画館から出てきた人たちのようになっている。どこかぐったりした感じで、ぼんやりしていて、日差しにまぶしそうに目を細め、どっちへ行こうか迷っている様子であり、「自分を見つける」にはあと1年か2年、いや、5年はかかりそうに見える。あれでは採用する側もあっけにとられて戸惑うのではあるまいか？　それに、仮に修士号を目指して勉強していても、踏み切り板で弾みをつけようとしているようにしか見えない。

結局のところ、いまの大学は昔のハイスクールのようになっている。大学院は昔の大学だ。これも、いまの人がなかなか大人になれなくなった結果だと思う。確かに、いまは修士をとっていたほうが有利だ。有利？　そう、いまの修士は「まあ何とか」最低線といったところで、多くの分野では、その「まあ何とか」もとっていいかもしれない。

それでも、大学はとても楽しいところ、元気いっぱいの通過儀礼だ。自分の世界ができ、まだそこは見せかけだけのぴかぴかの世界かもしれないが、ちょっと背伸びをして、初めて味わう独立した気分を楽しみ、何度かためになる失敗もして、強い友情の絆を結び、何か面白そうなものを発見したり探検したりして、集中し、打ち込む能力を養い、技を磨き、卒業証書をもらったら、さっさと残りの人生へと向かい、一人前のいろんなことができる人間を目指す。それが教育を受け、自分を高める行為になる。そもそもは、だから、親御さんも熱心になるのである。

だから、きみたちは大学へ行く。きっと、だから、うちの子どもたちもそうする。学校に入る前からそこを目指してきたのだ。ハイドンを習った頃から。それに、18歳で帆船に乗って、水平線の向こうを目指す度胸と能力のある子もそういない。きみたちは当然次に行くべきところと教えられているから、大学へ行く。行かないことは考えられないから、大学へ行く。最終的には、それが利口なことだからだ。

そして、大学は思っていたよりさらに楽しいところだとわかる。いろんなことを学び、いろんなものを見て、眠っている時間もなくなるほど楽しくなる。頭の中には、さまざまなアイデアが湧いてきて、誰彼かまわず呼び止めて、話をせずにはいられなくなる。勉強するのが大きな喜びになり、学ばずにはいられなくなる。輝かしい4年間。目がしょぼしょぼしてきて、永遠に見えなくなるまで、その時代の記憶はさまざまな思いとともに目の前によみがえるだろう。

その記憶は昼も夜も毎日がきらきらしていた時代、自分の前に一面に日差しを浴びた草原が広がっていた時代への追慕の念と混ざり合ってますます大きくなっていく。**大学時代の友情は死ぬまで続く。その場所を大切に思う気持ちは時間がたてばたつほど募っていく。**中年になり、髪が白くなり、足がよろけてきても、きみたちはまた戻る。昔の色の服を着て、昔の歌をうたい、昔の空気を吸えるところへ。あの栗の木の下でしゃがんで栗の実をひろい、その硬くて柔らかい感触を手の中で感じながら、遠くから聞こえる合唱の声や鐘の音に包まれ、昔と変わらない高い塔が夕日に赤く染まるのを見て、あの日、逆光の中に浮かび上がったとび色の髪の少女の名前を思い出そうとしても思い出せなくて、つい顔をしかめて笑う。

「狭き門」に殺到するきみたち

でも、いまはまだ、そこに入りたいと思っているだけだ。

誰もが入ってほしいと思っている……おそらく、入学審査の担当者だけは別だろうが。彼らはどこかで、ローブなんかをまとって、きっと血の気の乏しい、静脈が浮き出た不機嫌そうな顔をして、骨ばった指できみたちの切ない願いのこもった願書をつまむ日を待っているだろう。そして、16秒ほどで、べっこう縁の眼鏡越しに、無表情にざっとそれに目を通し、軽蔑したような笑いを殺しきれずにいるのだろう。それが、こと大学にとどまらず、きみたちのその後の人生の前に立ちふさがる門番だ。

うまくいったら、願いがかない、幸せな人生が開け、魅力的な配偶者ができ、3人の澄んだ目のかわいい子どもたちが生まれ、素敵な町に素敵な家を建てられ、ドライブウェイにスポーツカーを乗り入れられるようになり、ケープコッドの先端あたりに、バラが咲き乱れる小さなコテージを手に入れられる。彼らの判断は、可にせよ不可にせよ、単にきみたちの学歴だけにとどまらず、きみたちの人生の質も左右する。この星に居場所を占めてもよいという証明にもなる。きみたちを育てた人たちやその育て方に対する評価になり、教師や出身校や地域社会に対する評価にもなる。きみたちの成長の過程は、お母さんのおなかの中に宿った日から、この日のために準備され、調整され、パッケージ化されてきた。さあ、いまこそ彼らの前に立って、自分のすべてを出し、判断を待つのだ。少なくとも、そんな気分になってしまうのではあるまいか。

だけど、実際に彼らが何を望んでいるかはわかっていない。わかるわけがない。だって、どう考えたって、彼らの基準は流動的だ。どの志願者の能力も、大学側がどのような新入生を求めているかに従って、その年のほかの志願者の能力との比較だけで評価されるのだから。すべてはきみの特定の能力と成績がほかの志願者のそれとどう比較されるか次第であり、多くの場合、いくら頑張って準備をしても、結果は予測可能で残念なものに終わってしまう。

だから、全力をあげての準備競争が過熱する。消耗戦だ。SATが2170点で、学校の成績が平均3・8点なら、こちらで2230点と3・9点に上げ、APテストの結果の「5」3つとスペイン語クラブやがん患者支援の運動「リレー・フォー・ライフ」での活動などを付け足す。いや、何なら2280点と3・95点にして、「5」3つで、スペイン語クラブやリレー・フォー・ライフの活動や、全米育英会奨学金の最終選考に残ったことや、バイオリンをやっていたことや、潰瘍性結腸炎の研究インターンだったこと、ガラパゴスで検体採取をしてきたこと、などを付け足す。

子どもの帽子に、いかにこちらでやっているとは悟られずに、できるだけ多くの羽根を付けてやれるかの勝負だ。いや、子どもが自分で、できるだけ早く、もちろん、まわりで懸命に自分の帽子に多くの羽根を付けようとしている子どもたちより早く、自分の帽子をたくさんの羽根で飾り、それをいかにも勉強や神様や国や何やらが好きで、どこかの男性や女性やトランスジェンダーや絶滅危惧種のためにやっているように見せかける必要がある。課外活動はやるだけやって、朝日とともに元気いっぱい目を覚まし、健康的に運動か何かをして、いやなことはキウイストロベリー味のビタミンウォーターで流し去り、せっせとやるべきことをやりながら、やはり自分の持ち場に全力を尽くしながら、推薦文も書いてくれる教師に25ドルのスターバックスのギフトか何かを贈る。

よくあることだが、ハイスクールの生徒、すなわち大学志願者は、さも自分が有能で誠実で、完璧な人間でなければならないような気分に追い詰められる。そこで、足りないところは何かで補おうとする。うまくいくか、さもなくば地獄。というわけで、しなくてもいいくだらないことまでしてしまう。つかもうとした羽根が自分の手の届かないところをひらひらと舞い落ちていこうとしたら、ママかパパが飛んできて、それを拾い上げ、帽子に高々と刺してくれる。背丈の足らずを補う脚立や足台も用意してくれる。家庭教師やセラピストも雇ってくれる。どこかの特訓講座にも入れ、合宿だの何だのにも行かせてくれる。たくさんやればそれでいいというものではない。費用はどうする? なに、そんなものはどうでもいい。それでうまくいかなければ、羽根を授けてくれる人に頼み込むか、その人をスナイパーで狙うかだ。

陳情をして、思いを切々と訴え、手順を少し変えてもらうか、決まりを省略するか、規則をねじ曲げて、本来の基準を少し下げてもらう。

まさに不正以外の何ものでもないのだが、はっきり言って。これは特別なケースなのです、うちの息子は学校が大好きなのです、と訴える。そのうち、飾りまくった帽子が重くなり、肝腎の息子は立っているのも難しくなる。それでも、大学の門には帽子にたくさんの羽根を付けた若い男女が何千人と群がり、顔を紅潮させて、首を伸ばして、手をふりながら「わたしを選んで」「僕を選んで」と連呼する。

だが、大学の入学選考の担当者にとっては、ことは帽子の羽根の数をかぞえればすむほど単純ではない。能力を冷静に見極め、公平に評価しなければならない。データの評価だ。まず、帽子に確かな羽根や、怪しげな羽根や、その中間の羽根をたくさん付けた志願者の数が多すぎる。数は増加し、その一途をたどっている。どこの入学選考の担当者も何千、何万という願書で手がいっぱいになる。

その願書の洪水をさばくため、この頃では、多くの大学が臨時の職員を雇い、場合によっては、職員の数が倍以上になることもある。もちろん、彼らはそんなことは言わないが、**こうなるとどうしても、大学側の姿勢は落とすことに重点が移ってくる。**合格率が低くなればなるほど、入りにくい大学ということになる（落とすことに重点が移るのだから、入りにくくなるのは道理だが）。入りにくくなり、合格率が下がってくればくるほど、一般的に、入学率（合格者のうちで入学することを選択する志願者の割合）は上がってくる。[*1] そして、その学校は何より重要な『USニューズ＆ワールドレポート』のランキングの中で上位に入ってくる。**それに、入学選考の担当者の仕事はただ願書を見て評価するだけでもすまない。もっと広い範囲で志願者の資質に目を向けて、自分たちの学校の特徴や校風にも合うかどうかを判断する。**

だから、彼らはただ単純にアカデミックな能力主義に徹するだけでなく、無理のない範囲で、バランスのとれた豊かな人間性の持ち主かどうかということにも目を配る。同時に、高い知性を秘め、ブンゼンバーナーを扱う化学者や、望遠鏡をのぞく天文学者や、ホッケー場を走り回るホッケー選手や、ティンパニをたたくパーカッショニストや、ろくろを回す陶芸家や、脚光を浴びる役者になる志願者を、男女の別なく選ぶのだ。人種、宗教、信条にも偏らず、外国からの生徒も受け入れる。

望ましい志願者の基準やプロフィールはあまり固定せず、常に流動する環境の中で適切と思われる判断を下していく。そして、願書や推薦が入学資格を満たしている場合も、その志願者が自分たちの学校に合っているかどうかも判断しようとする。自分たちの学校に入学してきて花開く子かどうかを見るのだ。学校がうまくいき、評判が上がるかどうかは、入学してくる子どもたちが花開くかどうかにかかっているのだ。

また、落としたら傷つくだろうなということもわかっている。落としてざまあみろなどと思うことはない。

これも忘れないでいただきたいが、きみたちは決して何人でも入れる広いスペースの中で平等に席を争っているのではない。門は思っている以上にはるかに狭い。大学が入学定員は2000人だと言ったら、その数は主に寮のベッドの数などで決まっている。2000のベッドがどれも平等に志願者に開いているとは考えないほうがいい。勧誘されて入るスポーツ選手がいる。マイノリティー（ヒスパニック、ネイティブアメリカン、太平洋島嶼部の出身者、アフリカ系アメリカ人）もいる。大口寄付者の子や孫、教職員の子弟、珍しい地域の出身者、有名人、アーティスト、感動的なエピソードの持ち主……そういう人たちは、大なり小なり優遇される。そういう人たちからは、成績や点数の基準が外されることがある。

つまり、ほかの志願者にとっては、ますます入るのが難しくなるわけだ。多くの学校では、早くから入学の意思を伝えてきた生徒にも、通常の入学審査のコースとは別に（だが、それが入学審査になることが多いのだが）門戸を開いている。

だから、残されている席は半分くらいになるだろうか。

性別でも、社会・人口統計学的にも、出身地などでも、書類の上での条件が自分と変わらない志願者たちとの競争はこの上なく熾烈になる。何より自分に関係のある競争だ。入学選考の担当者たちは、きみたちのそれぞれに第一級の知性に加えて何かをもたらすことを望んでいる。ほかの志願者とは違う何かだ。その中で、きみたちはわずかひと握りの椅子の一つに志願する。コンピュータがどこでも使われるようになった今日だから、どこにいる子どもでも、一人が20以上もの大学に志願できる。結果的に門は狭きものとなり、ほかの志願者たちに残された椅子はますます少なくなる。

そうした中でも、入学選考の最も重要な基準は成績——避けられない現実——だ。それが、入学選考の担当者も認めるが、あいまいで、主観的で、結論の出ないものになっている。たとえば、恵まれた私立のプレップスクールのAの成績と農村部や都市部の貧しい地域の公立のハイスクールのAの成績を同じと見なしてよいのだろうか？　どの学校でも、救済的な数学の授業のAを、微積分までやる理系クラスの数学のAと同じものとして扱うだろうか？　人気のある先生のもとでみんながやる気満々の授業のAは、大昔の遺物のように生徒に背を向けて板書ばかりしている先生の授業のAと、どちらも同じ学校の廊下のいちばん奥の教室でやっているとはいえ、同じものと言えるだろうか？

プナホウやウェルズリーでは、また、それ以外の学校でもきっとそうだと思うが、授業の内容は教師によってみな異なる。期待されているものも、厳しさも、成果も、彼らの評価の仕方もみな異なる。さらに、泣きついてきたり、うまいことを言ったり、怒鳴り込んできたり、おべっかを使ったりする親に弱い教師もいれば、毅然として自分の考えを譲らない教師もいる。

世間では、そうしたことがあると言われている。

だから、別に意外なことではないが、より狡猾な知恵のはたらく大学志願者の間では、授業選択の際に、結果が最適化されるように戦略が練られ、見事な立ち回りが行われている。自分の将来にとってプラスにならないと思うものは、まず自動的にアウトになる。何かを学ぶという目的も二の次だ。誰もが標準的なレベルのクラスのAはレベルの高いクラスのBより評価が低いのだろうかと考える。そして、あれこれと細かく状況を想定し、自分にとっていちばん有利になるカリキュラムを組もうとする。

いつものことだ。

親御さんたちも加わってくる。最初は別の口実をいろいろと口にしているが、いずれは子どもたちの立ち向かうジャングルに分け入り、最初にパナマ地峡を横断したバルボアのようにナタをふるい、わが子の進む道を切り開き、子どもはそのあとについていくようになる。一心同体だ。ハイスクールからさまざまなシステムを提供されて、ネット上でストーカーのようにわが子の成績のあとをつけだした親は、新学期の9月の10分間の単語テストあたりで初めてBの評価を見たりすると、とたんに進軍ラッパが鳴り響き、突撃態勢に入る。「別に成績のことをどうこう言うつもりはないのですが……」彼らはまずそう切り出す。つまり、成績のことをどうこう言いたいわけであり、最終的にはたいてい、成績のことをどうこう言うことになる。誰にとっても楽しいことではないし、ほとんどの人にとっては、やって意味のあることでもない。

こうしたことの結果として、突撃で舞い上がった砂ぼこりが落ち着いたあとに残る数字、すなわち成績平均点は、何より難関大学の合否に影響するものだ。生徒、人間、学ぶことの面白さに目覚めた人間、あるいは花開こうとして知性としての成長に関係してくるものは、偶発的なものでしかない。いずれにせよ、すべては自分次第であり、それは常に変わらない。何に直面しようと、この段階ではまだ、きみたちの能力は疑似的に試されているに過ぎない。**ほんとうに自分にとって意味のあることで何ができ、何ができないかということは、普通はまだ試されていないのだ。**

大学入学もカネ次第

どのクラスでも、どのようなクラスであっても、生徒は一人一人、教師が期待していることを理解しなければならない、その期待に応えなければならない、競争に打ち勝って輝かなければならない、ちょっとでもへまをしたら自分はもうそれでおしまいではないかという容赦のないプレッシャーと闘いながら生活している。格式ある私立校や郊外の金持ちのハイスクールでAをとるのは、ある意味ではより大変なことかもしれないが、そういうところでは、流れにのっかっていればいいし、きみたちの背中を押すことに喜びを感じる救いの手がいくつも差し伸べられる。

だが、重い課題を背負わされた学校や、資金の足りない都心部の学校や、寒風吹きすさぶ農村部の学校や、さまざまな制約と闘っている学校では、その現実がのしかかってくる。そこでAをとるのはまったく異質なことであり、Aをとったことそれ自体に大きな価値があることがある。

現に、不公平は至るところにある。恵まれた学校では、何くれとなく気にかけてくれる有能なカウンセラーから立派な図書館に至るまで、学校システムの中にさまざまな機能がそろっていて、教科ごとに、あるいは各教科の単元ごとに、スキルを磨き、SATやACTの準備を手伝ってくれるプロの家庭教師がいたりする。すべてがその調子だ。1時間75ドル、80ドル、あるいは100ドルという金で、生徒本人または親御さんが必要ではないかと思う救いの手を差し伸べてもらえる。

また、それで儲けている人たちもいる。分厚い本やDVDがずらりと並んだ棚、どこまでも深く、精巧に作られたウェブサイト。夏休みでも、放課後でも、週末でも、あるいはその三つ全部でも、大手教育会社のカプランが行っている受験準備コースを受けられる。何なら、それを2回受けてもいい。そうしたことの結果はいずれ何倍にもなってはね返ってくる可能性があるのだから。2回か3回やって、それでもまだSATの点数に満足がいかないなら、今度はACTをやってみる。両方挑戦するのだ。それを3回、4回とやってみる。

なぜいけないのか？　それで最高の点数――いわゆる「スーパースコア」がとれるのだから――多くの子どもたちはまずSATを何度か受けてみるところから始めて、勉強の焦点は1回ごとに特定の範囲に絞り、自分たちが最も満足のいく点数のパッチワークを大学に送る。不正なところはどこにもない。テストの日取りはどうにでもなる。問題があれば、たとえば、信仰上の都合で、どうしても抜けられない家族の行事があって、ひどく体調を崩して――という理由でよけいに勉強する時間を稼ぎ、より都合のいい日にテストを受ける。だから、SATやACTは「適性検査」と呼ばれているが、もう多くの生徒にとっては「適性」を見るものではなく、抜け目なく戦略を立て、金に物を言わせて救いの手にすがる能力を見るものになっている。

大学を目指す生徒たちがよく使っている注意欠陥多動性障害の治療薬、アデロールも効果がある。あれを鼻から吸引すれば、ベストの結果が出るだろう。

それに、小論文も、大学の入学選考の担当者が一目見れば、研磨や錬磨の過程を通ってきていることがすぐにわかる。親、教師、家庭教師、それに近所に住んでいるやさしい先輩による研磨の過程だ。

いい結果を出すのは、プロの大学入学コンサルタントの仕事でもある。彼らは個々の受験生お抱えの広報部あるいはマーケティング部になる。多くの場合、フェンスを飛び越えて軒先にぶら下がることに手慣れた元入学選考の担当者や老練なプロが務めている。あるいは、大胆不敵な初心者の場合もあるが。有能なコンサルタントは、2万、3万、4万と釣り上がる報酬と引き換えに、大学志願者を手取り足取り指導し、出願のあらゆる点に目を配り、隅から隅までピカピカに磨き上げ、最終的にはこの上なく魅力的な志願者のパッケージをこしらえ上げる。親御さんから見れば、これは便利なワンストップショッピングだ。これらのコンサルタントは、自分の役目を心得ていて、結果を出す人たちと見られている。しかも、彼らは多国籍にわたっている。この業界にいるわたしの友人は、子どもたちを自分の行った学校に入れたいと願っている欧州、中東、アジアの顧客がずらりと並んだリストを持っている。

入学選考の担当者には、必ずしもどの志願者にはそのような助っ人がついていて、どの志願者にはついていないということがわかるとは限らない。できればヘミングウェイが「内蔵の大ウソ発見器」と呼んだようなものを持っていたいと思いながらも、外見を見る限りではまったく何の変わりもない志願者たちを大勢、怪しみながら通しており、親御さんや家庭教師やコンサルタントはそれを怪しまないというリスクを冒している。当然、志願者本人から見た自分の出願は、ほんとうの自分を精一杯ありのままに表現するようなものではなく、もっともらしさが失われるぎりぎりのところまで自分を誇張する宣伝行為のようなもの——本来の姿とはまったく違うもの、必要でもない限り、誰もやりたくないようなこと——になっている。だけど、それでどこが悪いのか？——と多くの人は考える。ほかのみんなもやっていて、それでうまくやっている。やらなかったら、自分が損するだけではないか、と。

つまり、ほとんど何もかもが、金のある人、それを使う意思のある人たちを中心に流れるようになっている。自分を高めることについて良心の呵責を覚えない人にも味方するようになっている。人間はどうあらねばならないとか、教育はどうあらねばならないとか、素朴に、公平であろうと考える気持ちは、もう怪しいものだ。

それに、忘れてはいけないが、これらは、いや、その多くは同時に、就学前教育や小学校や中学校やハイスクールの授業料や何かをさらりと払った上で、いまではおなじみのエクアドルのコミュニティセンターを建てたり、嚢胞性線維症の治療のための義援金を集めたり、イングランドの湖水地方で開かれる6週間のサマーセミナーに参加したり、和紙にイカ墨を使って、柄が竹でできた馬毛の筆でカーボンフットプリントに関する思いを込めた俳句を書いたりすることができるターボエンジン搭載のハイパー優等生たちであるということだ。みないい子たちであり、まじめで、礼儀も正しい。宿題もまじめにしっかりとやってくる。そういう子どもたちの願書がきみたちや、数学／物理／バイオリン／チェスのコンテストのチャンピオンたちや、才能あふれる芸術家の卵たちの願書と一緒に並ぶ。

そして、誰もが公正な判断を期待している。

きみの願書はどこに振り分けられるのか？

そこで、「シーズン」が来る。真冬から晩冬にかけてだ。入学選考の担当者が（この場合はたまたま、ローブをまとっているわけでも、血の気が乏しいわけでも、静脈が浮き出た不機嫌そうな顔をしているわけでもないが）願書の（電子化された）山を前にして座っている。子どもは保育園に預けてきた。部屋に入るまでは、会う人会う人に「おはようございます」と声をかけてきた。目の前のデスクの上ではマグカップから湯気が立っている。電話はマナーモードにしている。照明スタンドも明るさも調節した。頭に焼き付いているのは、大学のお偉方たちが今年の新入生たちに期待することに関する学生部長からの指示だ。ちょっと息を吐いて、その山に飛び込む。今日の彼の仕事だ。

まず文句なしの合格を見つける……大サービスで5％にしたとしよう。文句なしの不合格は……45、あるいは50％といったところか。ということは、残り半分以下について5分を超えない範囲で検討していくことになる。いや、そんなに堅くならず、10分まで見てもいいだろう。

さあ、始めるぞ。彼は願書のファイルをクリックして開き、それに目を通していく。口は真一文字に結び、顎を撫でながら。

まず長所を評価し、短所にも目を配る。学校の成績の平均点とテストの点数を見比べて、どういう授業をとっていたかにも目を通す。ハイスクールの評判も思い出す。小論文を読み直し、夏のインターンシップのことをどう書いているか、祖母に対する思いはどうか、旅が好きなこと、ラクロスに熱中していること、この大学を志望した動機、どうしてここで夢がかなうと思ったかといったことを確かめていく。

ぴったりじゃないか。そう思えなくて迷ったら、また数字に戻る。学校の成績の平均点とテストの点数だ。テストの点数と学校の成績の平均点か。これらは客観的な評価と思われていて、道理の上では有効なものと言ってよく、だから、難しい判断を下してそれを擁護するときには、より安全で安易な基準になる(不合格通知が届いて9秒ほどしたら電話やメールで学校に寄せられる猛烈な抗議の嵐も想像してみる)。

最初に決めた10分が経過した。彼はきみの願書を保留の山に移す。

第一関門突破だ。

もう一度見直し、ランチが終わったら、今度は仲間の選考担当者たちと集まって会議テーブルを囲む。それぞれが自分の保留の山を持ち寄って協議する。ファイルも意見も共有する。ある担当者はいいと言い、ある担当者はダメと言い、ある担当者はきみの小論文を気に入ったと言い、その他は何も言わない。ある担当者はきみの2年生のときの化学の成績に目を止める。ほかにも西アフリカのダンスに取り組んでいたことを評価する担当者もいる。誰かがこの子のハイスクールの成績はどちらかと言うと平凡ではないかと言い、ほかの誰かが反論する。誰かが読書の総合評価は感心しないと言い、この点数は平均点よりちょっと上に過ぎないと言う。

また、誰かはハイスクールの教師の推薦状の一節を引用し、きみが『マンゴー通り、ときどきさよなら』について心のこもった感想文を書き、新たな見方を提供したと書いてあることを指摘する。ほかの担当者からは、きみと同じ地域ですでに合格が決定している志願者が何人いるという話も出る。誰かはきみにいい印象を抱いていることを打ち明ける。ほかの担当者は首を振る。誰かはきみがボランティアでボリビアに行ったことを指摘する。別の担当者はきみがバレーボールでスポーツマンシップ賞を取ったことに触れる。初等数学の成績がBであることも問題になる。世の中の型にはまるのが苦手な理想家で、1年か2年大学でぶらぶらしてから大学院に進むのではないか——法学になるのか経営学になるのかよくわからないけど——と言った担当者は無造作に脚を組み、頭の後ろで両手を組み、うちは能力主義で行くんだったかな、エリート主義で行くんだったかな、とひとりごちる。なあ、うちはほんとうに多様性を重んじるのかい、それとも、あれは表向きだけかい、とその担当者はたずねる。

そうして、タイムアップになるまできみの評価が続く。意見がまとまったら、合格、不合格の結論が出される。

それに応じて、きみの運命も決まる。

「知ること」は何より幸せの第一歩

有名なスコット・フィッツジェラルド[訳注8]の処女作『楽園のこちら側』の前に、『イェールのストーバー』という小説があった。あまり複雑ではない大衆小説であり、ご想像のとおり、イェール大学でフットボールや学生仲間の間で一番になろうとする、あまり複雑ではない平凡なお坊ちゃま大学生のことが書かれていた。彼は楽しいことをいっぱいやりました……終わり、だ。

だが、この小説は、著者のオーウェン・ジョンソン[訳注9]に言わせると、彼が自分の目で見た大学生活の批判のつもりで書かれたものだった。学生たちも、大学そのものも、本来の意味を見失いつつあった（「素晴らしい四年間が待ち受けている」初めて神聖なキャンパスに足を踏み入れたとき、主人公のディンク・ストーバーはそう思う。「いい時間になるぞ。いい仲間ができ、自由に、堂々と戦って一番になり、殿堂に名を残すのだ」）。大切な知性を磨くチャンスはずるずると浪費されていった。ジョンソンは『ニューヨークタイムズ』にこう語っている。「わたしが目にしたのは、わたしたちの大学が偉大な学問の府ではなく、単なる社交の場になろうとする傾向が急速に膨らんでいく様だった」それが1912年のことだった。

『イェールのストーバー』が刊行されてから8年後、思いやりのある編集者のマックス・パーキンスと出版社のスクリブナーズが、それまで「あと一歩」の壁を打ち破れずにいた詩人の感性を持つ若者に、3度目にして初めて出版のチャンスを与えた。その若者はジョンソンの小説を読み、ヒントを得ていた。そして、平坦な道のりではなかったが、スコット・フィッツジェラルドの処女作『楽園のこちら側』が出版され、若者、ファッション、大学生活といったもののイメージを一新し、それが良くも悪しくも、90年たった今日でもまだ受け継がれている。

きみも、ウェブサイトや、大学の入試事務局が送ってくるパンフレットやブックレットやポスターで目にするだろう。鮮やかな木の葉に彩られた秋の日。申し分のない笑顔。セーター。小脇に抱えた本。背景にそびえるゴシック風の建物。万国共通の、ほとんど誰もが手に取るように思い浮かべられるイメージだ。もちろん、わたしもそうだし、きみがどこかの静かなキャンパスをぶらぶらと歩くときも、おそらくそういう光景が周囲に展開するのだろうと想像する。ツタがからまっているにせよ、いないにせよ、木立の上から夕陽が斜めに差していて、吸い込む空気はさわやかで、楽しそうな若者たちがあちらへ、こちらへと歩いている。うっとりする世界だ。

フィッツジェラルドもそう感じた。たとえば、こういうくだりがある。あの貴族的な冗談の世界をあれこれと書き連ねるのを一服したとき、彼は主人公を色鮮やかな10月の午後ではなく、春霞のかかったひんやりする月明かりの夜のキャンパスへと送り込む。遠くで響く鐘の音を聞きながら、エイモリー・ブレインは名もない広場の湿った草の上に横たわり、しばし、まわりを取り囲む建造物のことを考える。「黒々とした壁やゴシックの尖塔」「過ぎた時代の倉庫群として片付けられているもの」のことを。そこで彼は、学問という、知的生活の喜びにひたる「使徒伝承の継承者たち」を除けば、いまいる学生たちはみな「むなしく意味のない存在」ではないのかということに、ふと思いが至る。彼はキャンパスの建造物の「上に向かう流れ」を自分に向けられたもののように感じだす。

それまではやる気がなく、美食に明け暮れていたのに、一瞬のひらめきで、新たな視界が開け、それまでは経験したことがなかったような気分になったエイモリーは、本分を取り戻そう、一つでも二つでも、何かを学ぶ努力をしよう、学生でいよう、文字通りの学生として勉強しようと思い立つ。だが、その思いは長く続かない。じきに彼は「努力しても自分の無能さや足りなさを思い知らされるだけだ」と考える。そんなんじゃヤだ、と。

しかし、だとしても、つかの間にせよ、喜びは味わえるのではあるまいか？

今日でも、使徒伝承の継承者たちは、いまだにその喜びにひたっていて、なかにひがみっぽい学生がいたとしても、何をうらやましがるというのだろう？　お菓子とビールか。真夜中の鐘か。フレーフレーの応援か。もちろん、わたしも1970年代後半に同じような体験をした。25年余りの教員生活の中で大学へ送り出してきた何千人もの若い人たちにも、どうかそれを体験していてほしいと思っている。

商売柄、安っぽい使徒伝承の継承者のようなものになった身で、中年の高みから見ると、大学時代にハンモックに横になって初めて読んだ本の内容がその頃よりはるかによく理解できるようになっている。読めと言った教授の顔は思い出すが、名前も講義の内容も、楽しかったということ以外には思い出さない。ソフォクレスの『アンティゴネー』という薄いペーパーバックで、もちろん、その名前は聞いたことがあったが、それまでに自分で手に取ったことはなかった。教授は2000年以上も前の作品だと言っただけで、あの重い重い内容から読み取れることの整理はわたしたちに任せた。すごい戯曲だなと思ったのは覚えているが、こちらが期待していたほどではなかった。あの中の人たちは数多くの劇中死と引き換えに、ずっと常識というものから自分たちへの非難がやまないものだということを学んできただろう。だが、それがどうしたというのか……あんなの、2000年以上も前のことだ。

最後の一行に感心したのも覚えている。大学の建物が4月最後の日差しを浴びていた。木々が新緑に染まりだした頃だ。キャンパスの中をうねうねと続く小道を学生たちが歩いていた。夕暮れになってひんやりとした風が吹いてきて、寮のどこかの部屋からは、誰かがかけているピュア・プレイリー・リーグの『エイミー』が聞こえていて、仲間たちは、さあ夕食だ、さっさと宿題を片付けなきゃ、そのあとは今夜も楽しくやるぞ、と緩やかな石の階段を駆け上がっていた。卒業までもう2か月を切っていた時期だ。その何とも寓意に満ちた流れの中で、わたしはふと目の前の活字を追うのをやめ、小さく一つうなずいて、頭の中でこうつぶやいたのを覚えている。「おい、これはすごい一節じゃないか」

知は何より幸せの第一歩——という一節だ。

もうあの本も見かけなくなって久しいが、わたしにはあのとき、あの一節の意味が理解できたのだと思う。あのときにわたしの頭に深く刻まれ、いまでもそのまま残っていること。知は何より幸せの第一歩。それが英知というものだろう、とわたしはくすくす笑い出しそうな気分で気づいた。知に関する英知だ。はるか昔から遠い未来にまで続いていく。そこまではわかった。あとは——当時すでに十分に幸せを感じていたが——もっと幸せになることだな、と思い、ソフォクレスを閉じた。

寮の窓からは、いかにも大学の寮らしい笑い声がこぼれていた。わたしはしばしじっとしたまま、一度、二度と深く息を吸い、目に映る光景がそれまでとはまったく違って見えてくる感覚を味わってから、ごろりとハンモックから降りて、今日の晩ごはんは何かと思いながら中に入った。

大学を自分のものにしてくれますように！

いま、これを書いているテーブルの上に、一個のマグカップが載っている。数年前、クリスマス休暇中に、大学から帰省した教え子がくれたものだ。いいやつ、聡明で、ユーモアもあり、まじめな青年だ。わたしが推薦状を書いたことへのお礼としてくれたものだが、わたしは彼もいまや、幸せなことに、堂々と、エイモリー・ブレインの言う「使徒伝承の継承者」の一人になったことを物語る証のようなものだと思っていた。ペン立てとして使っているが、白地のマグカップで、側面に青い文字で「ジョージタウン」という名前が入っている。南軍のグレーと北軍のブルーの校章も入っている。きれいなマグだ。

いい学校でしたよ、ジョージタウンは——とその教え子は言った。気に入りました、授業はいろいろ大変なんですが、ほんとうにすごいいんです、と。彼は満足していた。素晴らしい仲間もたくさんできたらしい。自分に合っていたのだろう、と思った。だが、それから半年ほどすると、転校することになったと聞かされた。たまたま野球の試合を見に行ったときに出くわした彼は、素晴らしい学校だというのはほんとうにそのとおりなのですが、ちょっと合っていなかったんです、と言った。

何か月か前には、同じ大学のことで、ウェルズリー・ハイのわたしのデスクのところへ、別の優秀な生徒が入ってきた。アイビーリーグの大学の入試事務局がゼロの評価を付けてきたんです、と震える声で言う。ダートマス、ハーバード、コロンビア、ペンシルベニア、イェールにみんな蹴られたのか、と思った。頭がよく、積極的で、何事にもよく気がつく生徒のお手本のような子だ。まあ、いいです、とその生徒は気を取り直して言った。ハーバードはぼくをキャンセル待ちのリストに入れたのでしょうが、あそこには国中のいちばん優秀な生徒たちが集まってきますから、もう忘れることにします、もっと無難なところで我慢するしかないですね、と彼はため息交じりに言う。

「どこ？」わたしはたずねた。

「ジョージタウンです」彼はそう言って、ことさら明るい調子で付け足した。「すごくいい学校だと聞いています。ほんとうにいい学校だと思います。つまり、立派な学校だと思うのですが……ただ……まあ……ぼくに合っているかどうかはどうも」

「ジョージタウンはいい学校だよ」わたしは声に力をこめた。「きみもきっと気に入ると思う。もっと自分に自信を持てよ。それに、大学なんて、どこへ行ったって、最後は自分次第だろう。それはわかっているよな」

「ええ」彼はすっきりしない笑顔でそう言って、うなずいた。「それはまあ」

ところが、驚くなかれ、数週間もするとハーバードが手を差し伸べてきて、いま、その生徒はそこにいる。おそらく、自分に合っているのだろうが。

一方、この秋にジョージタウンに入った生徒たちの中にも、とても高く評価していた教え子が二人いた。どちらも、頭がよくて、能力があり、まじめで、興味を持って物事に取り組め、大学に入れるかどうかでじりじりと待たされてもいつまでも辛抱ができる子で、最後に行けるとわかったときには、あらゆるチャンスが自分を待ち構えていること、自分たちに世界が開けてきたことに喜びを爆発させた。おそらく、『USニューズ&ワールドレポート』はジョージタウンを全米21位かそこらにランクさせるのだろうが、彼らにとっては、それはあまり関係ない（もっとも、今年の学費のほうは5万6502ドルで、これは親御さんにとっては少々問題なのだろうが）。

わたしはいつか、そう、来年の春あたりには、彼らも湿った草の上に大の字になるか、ハンモックに横になるかして、黒々とした壁やゴシックの尖塔を眺め、**そうか、と心底、自分の中で、学ぶことの喜び、幸せの第一歩に目覚め、大学を自分のものにして、楽しく、自分を豊かにしてくれる、人生最高の場所にすることを願っている。**

＊1　トップを行くプリンストン、イェール、ハーバードの合格率は6％前後で、全米で最も低い。志願者が3万人以上もいて、その95％はハイスクールの成績がトップ10以内だというのに、その6％しか入れない。それでも、ハーバードの入学率は80％前後で、全米では断トツの高さだ。これらの数字は、もちろん学校の評判に影響するが、同時に、卒業生の寄付や研究補助金や債券格付けにも影響する。

訳注1　ジョシュア・スローカム　1844〜1909年。カナダ生まれの船乗り。1898年に史上初の単独世界一周に成功し、その記録が『スプレー号世界周航記』として刊行された。

訳注2　アーネスト・シャクルトン　1874〜1922年。アイルランド生まれの探検家。1

914年、南極探検の途上で遭難、22か月後に奇跡の生還を果たすまでを『エンデュアランス号漂流記』に著した。

訳注3　トリスタン・ジョーンズ　1924〜1983年。イギリス人の海洋冒険家。地球上でいちばん水面の低い死海と、いちばん高いチチカカ湖をヨットでセーリングしようと、1969年にニューヨークを出発して死海に向かい、6年を費やして達成した。その記録は『信じられない航海』として出版された。

訳注4　トール・ヘイエルダール　1914〜2002年。ノルウェーの人類学者・海洋生物学者・探検家。1947年に古代ペルーの筏を複製して太平洋を横断、その記録『コン・ティキ号探検記』は世界的なベストセラーとなった。

訳注5　ネビル・シュート　1899〜1960年。イギリスの航空エンジニア・小説家。代表作に『渚にて』がある。

訳注6　『バウンティ号の反乱』　1789年にイギリス軍艦バウンティ号で起こった副艦長による艦長への反乱事件をもとに、チャールズ・ノードホフとジェームズ・ノーマン・ホールが小説を書き、1935年に『戦艦バウンティ号の叛乱』というタイトルでアメリカで映画化された。その後もこの事件を題材に小説や映画が創作されている。

訳注7　ナサニエル・フィルブリック　1956年、アメリカ、マサチューセッツ州ボストン生まれの作家。代表作に『復讐する海——捕鯨船エセックス号の悲劇』がある。

訳注8　スコット・フィッツジェラルド　1896〜1940年。アメリカ、ミネソタ州セントポール生まれの小説家。処女作『楽園のこちら側』がベストセラーとなり、アメリカの1920年代を代表する作家として脚光を浴びるが、1929年の大恐慌以降は不遇だった。代表作は『グレイト・ギャツビー』（第6章参照）

訳注9　オーウェン・ジョンソン　1878〜1952年。アメリカの作家。ニューヨーク生まれ。代表作『イェールのストーバー』

第 5 章

恵まれた環境にある者は、その特権に気づかない

差別について考える

この栄光のわが祖国、
教育の甲斐あって、
いや高くそびえる。
公平を学ぶ高台、
それが周辺にも広がり、
見よ、そこかしこのこの景色、
谷も高台も！

——サミュエル・F・スミス著『アメリカ』

誰も差別を受けてはいけない

今度のテーマは人種だ。**世の中はずいぶん進歩してきたのに、不平等はまだ至るところに残っている。**その痕跡は、おそらく学校にも残っていて、感じることもできるかもしれない。持てる者と持たざる者。恵まれた人と恵まれない人。成功した人と失敗した人。そして、ともすると、アジア系や白人とそれ以外の人の間にも。これは教育の基本理念にもとるだけでなく、アメリカの精神、さらに言えば、人類の理想にももとることだ。誰も差別を受けてはいけない。大切なのは啓蒙することだ。

フィリス・ウィートレイ[訳注1]のことを考えてみよう。

1753年前後に、西アフリカで生まれた。数年後には奴隷にされ、「買いたたかれて」ボストンのジョン、スザンナのウィートレイ夫妻の所有物になった。夫妻は彼女をフィリスと改名させ、自分たちの持ち物の一つとして扱った。彼らは、子どもながらに知性のきらめきを見せる彼女に読み書きを教えた——白人の娘でもろくに正規の教育を受けられなかった時代にである。ティーンエイジャーになる頃には、フィリスは難しい本を読み、詩も書くようになり……多くの改革論者たちにとっては、不当に蔑まれているアフリカ人もチャンスを与えられたらできることを示す格好のサンプルになった。だが、そうは考えない人たちが大勢いた。のちに初代マサチューセッツ州知事を務めるジョン・ハンコックや植民地総督などが会議を開き、フィリスが自分で書いたと言っている作品をほんとうに書けるかどうかを検証したこともあった。

彼女を座らせ、あれこれと質問をし、ようやく彼らも納得した。一人の子どもの中で、さらに言えば、一人の女性の中で、奴隷にしておく論理的根拠は崩れ去った。彼女があらゆる方面にわたって高い能力を持ち、優れた知性を備えた人間であることは否定のしようがなかった――低劣で偏った既成の観念は否定された。フィリス・ウィートレイは、言ってみれば試験的セレブになった。最初にイギリスで出版された彼女の詩は広く読まれ、称賛を浴びた。やがて、ジョージ・ワシントンやベンジャミン・フランクリンまでもが彼女と会うことを熱望するようになった。

しかも、若いフィリスは社会に対して鋭い批評眼を持ち、当時は白人のリベラル層でもためらっていたところまで正義を擁護した。彼女の経験はほかの奴隷たちのそれとは大きくかけ離れていたが、彼女は声を出すことの意味と、わずかながらも教育の意義を重視している人たちが自分に共感を寄せてくれていることを的確に理解していた。やや扇動の色合いもこめて、彼女は力強く、巧みに語った。頑固で、文化的に凝り固まった考え方、融通がきかず、自分のことにばかり拘泥する姿勢、頭で考えず、感情に走る愚かな行為が恐ろしい敵を作るのだ、と。ウィートレイはそれをはっきり認識していた。誰しも、彼女の詩作の多くに、やさしく言って聞かせ、正しい認識へと導こうとするところを読み取ることができる。

彼女は単に何を、どう言うかだけでなく、わが身を教育の効果を物語る例としてさらしてまで、傲慢で鈍感な白人の読者たちが自分自身を教育するように仕向けようとした。それは、つまるところ、キリスト教の教えだった。彼女がこうしたことをただ観念の世界だけでなく、詩というメディアも通して行ったことも大きかった。何とも勇敢なことに、彼女は自分を蔑視する人たちの前に、今日のわたしたちがもっと注意を払うべきものの成果を示す格好の例として、自らをさらしたのだ。

彼らの場合は暗愚な視点を抜け出せていないだけ――ウィートレイはやさしく、的確に、そう言っている。たとえば、『ニューイングランド、ケンブリッジの大学へ』という詩の中では、ハーバードの栄養満点の若き御曹司たちに向かって、特権のつまらない衣をはぎ取りなさい、自分の狭い了見を超えて自分自身を生かし、何かいいことをしなさいと説いている。わたしの言うことを信じてほしい、と彼女は訴える。**あなた方があたりまえだと思っている性差別と人種差別で二重の苦しみを味わっているのに、それでも「内なる熱い心」がたぎり、あなた方も教育によって永遠に輝く星の仲間入りをすることができることを伝えずにはいられないのだ**、と。「学生のみなさん」彼女は言う。「あなた方は上から下まで人を見定めることができるではありませんか／それどころか、このエーテルに満ちた空間を見渡すこともできるではありませんか／そして、この回転する世界の体系に印を付けることもできるではありませんか」そう訴えた上で、彼女は彼らの罪悪感をくすぐるために、キリストの身代わりの苦しみにも触れている。

その一方で、彼女は、ハーバードの若き紳士たちが自分たちに与えられた有利な立場を生かすこともなく、肩書を得たことで満足し、のらりくらりと日々を過ごし、享楽のために低級な悪徳や怠惰に陥っていることも指摘している。最後の一節はこうだ——賢明に、穏やかに戒めている。

自分の特権を、それがあるうちに高めなさい。
学生たちよ、刻一刻と実りの時間は過ぎていき、善悪いずれかの報告が天国へ行くのです。
罪を犯したら、その毒に満ちた邪心が胸に宿り、
逃げたところで、守りを免じられるものではありません。
恐ろしいヘビをその卵の中に押しとどめるのです。
神から授かった人間の素晴らしさを花咲かせるのです。
一人の黒人（エティオプ）がそれは最大の敵だと申し上げておきます。
そのつかの間の甘さが果てしない苦痛へと転じ、
そして、深い地獄の底へと、魂は沈んでいくのです。

注目していただきたいのは、彼女が自分は黒人であり、これは黒人の視点だということを明確にした上で、自分が伝えたいことを伝えているところだ。自分の時間を漫然と過ごして無駄にしている、それはどんなに甘美な時間でも、必ず後悔することになる、と。教育はそれほど重要なものであり、それを得るための努力と犠牲に十分に見合うものだ、と。その場合、最大の敵は下劣な衝動に負けてしまう自分の弱さなのだ、と。そして、いつになるかはわからないが、いずれいつか、地獄に落ちていくことになるのだ、と。**教育を受ける機会は大きな特権であり、特権は、自分に対して**

も、他者に対しても、責任を伴うものなのだ、と。それはいやだと言うなら、残念なことだ。キリストがみんなの身代わりとなって、どのような苦しみを受けたかを考えてみるといい。だから、いますぐ始めるのだ、と。

これは時代を超えたメッセージである。

フィリスは一人の若い女性としての自由を与えられていた。ジョンとスザンナのウィートトレイ夫妻が亡くなったあと、彼女はジョン・ピーターズという自由黒人と結婚した。記録が物語るところによると、彼もどうやらいろいろと欠点のある男だったらしい。生活は厳しく、チャンスはほとんどなかった。彼女は彼の子どもを3人もうけ、そのうちの2人は幼くして死んだ。そして、3人目も、やはり幼いうちに、フィリスと同じベッドの上で、彼女のあとを追って死んだ。

それから2世紀半ほどがたったいま、話が能力や態度や成績のギャップのことに及ぶと、わたしはフィリス・ウィートトレイのことを思い浮かべる。仲間が「郊外に住む白人の子どもたちは、自分たちの人生がノーアウト、ランナー三塁から始まっていることがわかっていないんだよ」と言うのを耳にすると、わたしはフィリス・ウィートトレイのことを思い浮かべる。人種と社会経済的環境が複雑に絡み合っているのを見ると、わたしはフィリス・ウィートトレイのことを思い浮かべる。せめて自分もほかのみんなと同じ暮らしがしたいと思っている一部のまじめで能力のある子どもたちの未来が最初から決めてかかられているのを見ると、フィリス・ウィートレイのことを思い浮かべる。

「多数派」のいない学校で

1986年にハワイで教員を始めることになり、サマースクールの開校前に教員たちの親睦会が開かれたとき、新しい同僚の一人に脇に呼ばれ、とくに他意はなさそうだったが、高説を垂れるような口調で、ハワイは大きく分けてポリネシア人と西洋人とアジア人の三つの文化が混ざり合った培養皿みたいなところだ、と言われた。彼はイギリス人で、少し風貌がブルドッグに似てなくもなかった。白髪で、眼鏡をかけ、広く人望を集めている教師とも紹介されていた。

彼の言葉には、それなりの重みがあった。「われわれはこの地球上のほかの連中より優位な立場に立っている」彼は言った。「しかし、垣根は低くなっている。新しい人種が生まれようとしている。人間という人種がな」

いちおう礼儀としてうなずき、その年上のドンの凝り固まった独善的な物言いに対する内心の戸惑いは顔に出ないようにした。ときと場所が変われば、同じように赤ら顔の男が、同じように偉そうな口調で、イギリスのインド支配の話や血が混じって少し肌の浅黒い人たちの話や格式に則ったアフタヌーンティーの話をするのを聞かされていたことだろう。だが、ともあれ、ここではこれですみ、よかった、と思った。

数日後に初めて教室に入って生徒たちの顔を見回したとき、彼の言っていたことが飲み込めた。ざっと3分の1はアジア系、3分の1は白人、3分の1はいろいろと混ざった生徒たち、ハワイで言う「ハパ」、つまり「ハーフ」だった。もっとも、そんなざっとした説明では、よくおわかりいただけないだろう。黒人の生徒もいる、[*1]ポリネシア系の生徒も何人かいる、と申し上げて初めてあの教室の状況はイメージしていただけるだろう。

それに、いわゆる「金髪碧眼」で日本人の名前を持つ子もいれば、中国人の顔立ちでユダヤ系の名前を持つ子もいたし、スコットランド系の名前を持つハワイアンの子もいた。人種の基準はなかった。標準となるような多数派はいなかった。彼らの間に偏見と呼べるようなものが存在する様子はほとんどなかったし、警戒心や緊張感を感じたこともなかったが、冗談や何かで白人のことを「ハオレ」と言ったりするのを耳にすることはときどきあり、ちょっとしたいざこざがあったという話も間接的に耳にすることはあった。また、特定の地域では、白人というだけで敵意を持たれることもわかってきた。少し意外だったが、貧困のために深刻化している現実であり、オアフ島には、その傾向が極端になっている地域があちこちにあった。

それでも、ふだん、わたしの目に入ってきたのは、圧倒的に、あのイギリス人教師が口にしていた新しい世界秩序だった。ハワイの人は、民族の個性が円滑に、しかも豊かに混ざり合い、ただそれぞれのパーツを組み合わせるよりさらに魅力的な人たちになっているように思えた。これがポスト人種差別の世界だな、と思ったものだ。誰もが誰もを尊重し、あるいは身近な存在として受け止め、満ち足りた生活をしていて、その結果として、「アロハ」の声が聞こえていた。

それに、何もかもが何と自然で、何と気楽で、政治的な色合いもなく、開けているのかということも感じさせられた。いまだに敵意や不安に満ち、完全に分け隔てられてはいないにしても、基本的には分離され、裁判所の命令で強制バス通学をさせなければ表面上の融和もできないという醜悪な光景が展開されている故郷・ボストンの状況とは大違いだった。そして、素朴だった。ハワイでは、舵取りをする人などいなくても、風も人も何も、心地よく流れ、やさしく肌を撫でていくような気がした。それが、誰の姿勢にも身についているような気がした。そして、そんなところをいちいち取り上げ、場合によって称賛したりするのも、どこか違うような気がした——何もかもがあたりまえのこと、あるがままだったのだ。

そんなところは生徒たちの学習態度や行動にも見られた。プナホウでは、生徒の人種ごとにその特徴を大雑把に総括することもできなかっただろう。そんなことをしようとしたら、最後には骨相学の世界やまだ地球が平らだと思われていた時代まで行くしかなかった。

とはいえ、はっきり言って、これはあくまで、わたしという米国本土の「ハオレ」の目から見た印象だった。しかも、東海岸の出身で、新参者だ。それは、あの頃も意識していた。それでも、当時のホノルルでは、ハワイ、ポルトガル、中国、イギリス、トンガ、西アフリカ、東アフリカ、北アフリカ、フィジー、デンマーク、日本、アイルランド、タイ、イタリア、フィリピン、インドネシア、ドイツ、沖縄、インド、ベトナム、ロシア、タヒチ、メキシコ、ポーランド、韓国、サモア……あらゆるところのものがあらゆるところにあって、一緒に混ざり合い、だからといって、とくにどうということもなく、何気なく、自然に、人類の和合を謳歌していた。一つの

「オハナ」、つまり家族だった。

確かに、あの日差しも、虹も、潮香る海風も、山霧も、風に揺らぐヤシの木も、やさしい「アロハ」の気持ちも――ほんとうにそうなのだが――すべてが日常生活の一部であったことは間違いない。だが、同時に――「権力」というものにもつながるかもしれないが――おおむね金持ちで、教育があり、ポケットの奥にはエリート意識のようなものも潜めていたプナホウのコミュニティで、わたしはほとんどすべての時間を過ごしていた。結局のところ、この学校もその昔、ニューイングランドから渡ってきて、じきに白人寡頭政治の体制を生み出して一帯の島を支配し、その後1世紀半の間に少なからぬ遺産を残してきた伝道者たちが作ったものだった。

新たにニューイングランドから渡ってきたいい子ぶりっ子の要素があるわたしも、ある程度は近視眼的になっていたかもしれない。それに、もちろん、入学選考の担当者たちも、どんな人種や民族の子どもも基準のレベルに達していなければ入学させなかった。そして、ある面ではそれは、決して小さな面ではなかったのだが、単純な距離の近さに原因があった。プナホウはオアフ島という島の中の孤島だった。わたしたちはオアフ島の同じ地域に住んでいた。全員がマイノリティで、家のまわりに肘を伸ばせるスペースもなく、山と海に挟まれた地域に集まって住んでいた。お互いを避けて通ることはできなかったのだ。

そこへジャニスが登場した。ガールフレンドであり、やがて妻となり、わたしたちの4人の「ハパ」の母親となるが、彼女はアルメニア人であり、両親の血筋をどこまでたどってもアルメニア人だった。プナホウで新たに知り合って親友になり、戦友となったリチャードは、クリーブランドからチョートスクールとイェール大学を経由して来たばかりで、肌の黒い――当時はまだあまりそういう言い方をしていなかったが――ネイティブアメリカンだった。アパートの上にはダンとリンダとその子どもたちがいて、彼はギリシャとアイルランド、彼女はハワイとハオレと韓国の血を引いていて、下にはティムとリタがいて、彼はドイツとアイルランド、彼女は中国とハワイの血を引いていた。そして、わたしのクラスには、また、まばゆいばかりのキャンパス全体にも、地球規模の多様性があふれ、そのあらゆる組み合わせが混在していて、一つの小宇宙の中の小宇宙の中の小宇宙を形成していた。

26年前、いきなり目の前に開けてきた楽園、人類が大きく前進しているあかしのように思えたものは、もしかすると、先人たちが苦労してようやくたどり着いた結果だったのかもしれない。いま、まわりを見回しても――ボストンにもかつては強制バス通学に反対した下院議員のルイーズ・デイ・ヒックスや連邦判事のアーサー・ガリティがいて――ためらいがちにではあるが、思い切って言えば、心強い状況が生まれてきていると言える状況になっている。かつては期待するのも難しいように思えた寛容の精神も少しずつ受け入れられるようになってきて、尊重され、評価され、そう、ときによっては取り入れられることも珍しくなくなっている。マイノリティもいまだに自分たちを否定する事実上の隔離政策の中へ割って入っていこうとしている。さまざまな人種が混在することは、いまや誇っていいことなのだ。

ただ、具体的に達成されたと言える成果はまだどこにもない。まだまだ、不平等も排斥も根強く残っている。しかも、一部はきわめて確信犯的なものだ。一部の考え方を変えようとしない人たちにとっては、それは気骨のある氏族への忠誠みたいなものなのかもしれないが、自分たちだけの世界にこもるのは愚かなことであり、種全体の進歩をさまたげる有害な行為となる。

これまでにあまりにも多くのものが失われてきた。きっと、きみたちも目にしてきたことだろう。人種差別、ユダヤ人差別、同性愛差別……**これらは弱い人間が不安になるから見せる反応であり、愚かさから出る行為である。**嫌悪、偏見、無知……これらは往々にして誰かのむこうずねに蹴りを入れるようなものになる。**善意から出た行いも見下されているような印象を与え、相手の気持ちを刺激することがある。善良な**

市民を装った無関心も「かわいそうだけど、わたしには関係ない」という態度も同様に排除したり傷つけたりする効果がある。それは、教室の中を見ていてもはっきりとわかる。おそらく、きみたちも目にしたことはあるだろう。

わたしたちの文化はこれだけ進歩してきてもまだ多くの課題を残した未開の文化に過ぎない。裁判で上がる声だけでなく、一人の人がチャンスを得るためのチャンスを与えられるかどうかでも、それは示されている。自分たちより後ろにいる人を作ったからといって、自分たちがほめられる存在になるわけではない。統計はあまりにもよく知られている。ほとんどあらゆる客観的尺度から見て、いまだにアフリカ系アメリカ人はこの国で最低だ。奴隷解放から1世紀を経て、公民権運動からも50年がたち、ホワイトハウスに「ハパ」の男が座るようになっても、このざまだ。次から次へと押し寄せ、母語でも読み書きができないこともある移民たちが、一世代か二世代のうちにアフリカ系アメリカ人を追い抜いていく。この状況はわたしたちの誰もが知っていることなのに、いまだに変化していない。これは、それだけでも恥ずべきことだ。それなのに、この国の学校はこれっぽっちもその責任を負おうとしていない。

あらゆる社会階層の子どもたちが知っていることだ。

だから、リンカーン大統領のゲティスバーグでの演説が1863年11月当時と同様、今日にも当てはまる。あのときの「我々に残された大事業」は、いまでも残っている。自由を建国の精神として掲げ、その国を、すべての人は平等に作られているという理念の実現に捧げるのは人類の最も気高い実験だが、それを成功させるためには、油断しないこと、率先すること、フェアに生きること、創意を凝らすこと、他人のことを思いやること、そしてともすると勇気やタフさや犠牲も求められる。そして、学校はやるべきことをやる——誰に対しても。そうすると、みんなのためになる。

いかに邪気はないとはいえ、ゲティスバーグで、サラトガで、釜山で、オマハビーチで、ヴェルダンで、ケサンで、あるいはアフガニスタンの山中の村で、何万人という若者たちが命をかけてきた理念を捨てることは、無知とか恥とかいうレベルを通り越して、危険なことである。

白人が「多数派」の学校で

2003年6月、ジャニスとわたしは3人の子どもをつれて、おなかの中にいた4

人目も一緒にハワイを離れ、マサチューセッツへ向かった。彼女にとっても、わたしにとってもふるさとだった。わたしはウェルズリーの公立のハイスクールで英語を教えないかという電話での誘いを受けていた。ウェルズリーのことは噂でしか知らず、しかもその知識のほうも漠然としていた。たとえば、いい町で、金持ちが住んでいるということは知っていた。有名な女子大があることや、マラソンの日には、学生たちが沿道に並んでランナーたちを応援していることも知っていた。

また、かつてボストン・セルティックスのガードをしていたアフリカ系アメリカ人のディー・ブラウンが21歳の頃、フィアンセと一緒に引っ越してきたばかりだったウェルズリーの町の郵便局から出たところで警官たちに銃を突き付けられたことがあったことも覚えていた。誰かが彼のことを黒人の強盗と似ていると思ったからだった。

8月下旬の朝、ウェルズリーの教師たちが新年度をスタートさせるために出勤した。わたしにとっては、初出勤の日だった。わたしたちはミドルスクールの講堂に集まった。数百人もいただろうか。教育委員会のメンバーがあいさつをした。教育長もあいさつをした。新任の教師たちも紹介された。わたしもほかの新任の教師たちとともに立ち上がり、親しげに手を振って、また着席した。集会が終わると、グループディスカッションのため、教室へ案内された――人種と不平等に関するグループディスカッション、それが最初の会議の議題だった。

わたしたちのグループはミドルスクールの教師が進行役を務めた。アフリカ系アメリカ人の男で、それから1時間ずっと、どうか黒人の生徒のことを理解してやってほしい、彼らがあたりまえだと思っていることを修正してやってほしい、彼らが期待していることを調整してやってほしい、彼らにはやさしくしてほしい、できれば何か特別なこともしてやってほしいと、切々と訴えた。彼はわたしたち一人一人の目を見て、念を押した。

どういうところに来てしまったのだろうと思いながら、そこに座っていた。頭の中では、それらとともに与えられた23の公平さに関する心得がぐるぐるしていた。「彼らが黒人だからですか？」わたしはたずねた。そう、ついたずねてしまった。

「そうだ」彼は答えた。「彼らが黒人だからだ」それから、どういう脈絡か、にわかにはわからなかったが——そして、わたしには、非難するような言い方にも聞こえたが——彼はこう付け足した。「きみが鏡を見ると、顔が見えるな。わたしが鏡を見ると、黒い顔が見えるんだ」

きっと、その言葉を聞いた瞬間、わたしの眉は吊り上がっていただろう。おい、ちょっと待ってくれよ、とわたしは心の中でつぶやいた。これはあんたの問題なのか？

それに、ここの状況はそんなにひどいのか？　それに、わたしたちは黒人であることは能力が劣っていることだと理解することになっているのか？　それに、どれだけ立派なことか知らないが、いつから教室では社会問題のほうを勉強より優先することになったのか？　それに、平等というのは平等に扱うということではないのか？　それに、特定の生徒を優遇すると反感や疎外感を生むということを知らないのか？　それに、目指す理念があるのなら、どうして彼らと肩を並べて暮らそうとしないのか？

だが、何も言わなかった。彼の返事はあまりにも即座で、あまりにも力がこもっていた。それに、もっと言えば、あまりにも苦悩や警戒心や、彼の目にわたしがどう映っていたか知らないが、わたしに対する憤怒の念に満ちていた。

だから、わたしは座ったまま、できるだけ白人っぽくも、無神経そうにも、恵まれた人間のようにも見えないように努めた。わたしはまだこの学校のシステムに入り込んで数時間しかたっていなかった。あのはるか彼方の虹の国から帰って、町にも公立の学校にも慣れていなかった。彼のこともよく知らなかったし、彼もわたしのことを知らなかった。これ以上、彼のほかには黒人のいない教師たちで埋まった教室で彼に質問をすると、どう考えても、ひどく傲慢な男、場合によっては、人種差別主義者とも見られかねなかった。いや、おそらく見られていただろう。だから、わたしは頭を下げ、愛想をよくし、心の中に湧いてくる不満をなだめながら、頭の中でこんなことを考えていた。このグループディスカッションもじきに終わる、何日かたったら担当する生徒たちと顔を合わせるわけだから、そしたらこれまでどおり、その一人一人を公平に、思いやりを持って、尊重していけばいいだけだ、これまでと何も変わることはない、と。

それは、甘かった。

すぐにわかったことだが、ウェルズリーでは黒人生徒のほとんどがMETCO[訳注2]というものに参加していた。50年近く前からボストン市内の有色人種の生徒たちをウェルズリーなどの郊外の学校に通わせるために行われてきたバス通学プログラムだ。子どもたちは、朝まだ暗いうちから家の外に出て、ひっそりとした街で迎えのバスが来るのを待ち、午後遅くなってから、あるいは、スポーツなどの課外活動に参加する場合は、夜になってから帰宅する。多くはバスで片道1時間以上かかるところに住んでいる。家にいるのは暗いうちだけという子も多い。

多くは荒れた貧しい地区に住んでいる。学校では、彼らはシティキッズであり、人種のほか、ともすると、服装や態度でも目立っていた。全校生徒の圧倒的多数は白人で、ウェルズリーの町の子であり、経済的・文化的格差は大きかった。METCOの生徒たちは、自宅周辺では地元を捨てた子と言われ、ときには、地元の学校に通わせるにはもったいない子、「もう向こうの子」とも思われていた。だから、どちらの場所でも、彼らは孤立し、疎外されており、決して楽なことではなかったのだが、生徒やその親にやる気があると見られる利点はあった。

このプログラムは、一般に、重要だし、成功しているとも見られている。だが、ほんの少しだが、ウェルズリーに住むアフリカ系アメリカ人の生徒もいる。それに、ベターチャンスプログラムの参加者で、ニューヨークからウェルズリーまで来て、一軒家で共同生活をしている女子生徒も何人かいる。それでも、彼らは全校生徒のほんの一部を占めるに過ぎない。そして、ほとんどの子の成績が平均以下なのだ。

わたしもこういう生徒たちを何人も担当してきた。担当する生徒の中にこういう生徒がいるときのほうがいないときよりはるかに多かった。その結果、たとえば、知的能力に優れ、何も言わなくてもこつこつと努力するアジア系の生徒や、権利の上にあぐらをかいた金持ちのアングロサクソン系の生徒をそのまま認めることにも現実、原則の両面で問題があると思うが、アフリカ系アメリカ人の生徒の弱さをそのまま認めることのほうがもっと問題があると思っている。彼らはあまりにも怠惰か、何も考えようとしないか、そうでなければ、まったくの人種的偏見の持ち主で、何をしても、何かを言われても、あるいは、社会経済的な生活環境まで、すぐに人種のせいにする傾向が強い。個人の気質や知的能力をどこか肌の色や鼻の形とともに遺伝子に刻まれているもののように考えようとする、いや、さらに言えば、考えたがる傾向が強い。

アジア系の生徒たちも、一人一人どこかではみな、これといった個性のない数学の達人で、たっぷり油を差された宿題マシンで、半ば常軌を逸したタイガーママに背後からにらまれているという定型化されたイメージから抜け出さなければならない。

それと同じで、黒人の生徒も問題児だ、いや、それ以下だという定型化されたイメージから抜け出さなければならない。**まわりの期待に応えようとする気持ちは誰にもある。だが、まだ自分がどんな人間かわからず、模索しているティーンエイジャーの場合はその気持ちが3倍も強くなる。**この世には、最初から決まった運命のようなものがあるようにも思える。それに、定型化されたイメージから抜け出そうとした子が、それができない子からいろいろと言われているのも目にする。自分は何かそれまで自分が生きてきた世界を裏切っているようにも思えてくる。それでついつい、そんな気持ちは毛頭ないのに、自宅に帰るのもためらわれるようになる。

アジア系の子どもたちはそこで、あきらめるしかないかと考えられるが、黒人の子どもたちは、いいじゃん、帰らなければいいよ、と考える。いや、帰れないのだ。その結果、A－は（多少）ジョーク交じりにアジア系のFということになり、黒人には、C＋がAになり、白人には、B＋が生得の権利になる。そして、大学の入学選考の担当者たちが、多様性の名のもとに、それを固定化していく。アジア系の志願者たちは、ほんとうの競争はほかのアジア系の志願者との勝負と思い込まされているので、Aを取らなければならない。黒人の生徒は黒人の生徒と競っていればいい、ということになってくる。

わたしには、こうしたことがくだらないことに思える。ほんとうにくだらない。教室に5分もいれば、人種の違いはわからなくなる——少なくとも教師には、いや、この教師には、と言ったほうがいいかもしれないが。人種の違いに注意が向かうのは生徒たちのありのままの姿が見えていないからだ。生徒たちの姿が一人の子どもとして見えていない。あなたの前にいるのは人間であり、一人一人みな異なる個人だ。**みなそれぞれ、その子はその子として完結している。重要な存在、かけがえのない存在、成長しようとしている存在であり、どの子もあなたの助けを待っている。**

黒人も、白人も、アジア系も、男子も女子も、ゲイもストレートも、背の高い子も低い子も、やせっぽちも、ぽっちゃりも……だけど、それらはおおむね、はたから見てわかることだ。中身ではない。子どもを——あるいは、人を——遺伝子や社会や文化の違いを表すサンプルか標本のように見るのは、教師にとって難しいことだ。さらに言えば、国の基本理念である共和の精神にもそむくことになる。それでも違いは存在し、世間でも認識されており、それに対する不安が正当な根拠の有無を超えて膨らんできて、それに突き動かされてしまう。

若者たちはたいてい、どの人種の若者でも、学校に行くように言われる。アフリカ系の血を引いた作家ラングストン・ヒューズ［訳注3］の言った「明日のパン」で生きるためだ。10月から頑張って6月になったらいい成績を取るためだ。ハイスクールの4年間に頑張って、大学に入る。大学の4年間も頑張って、それまでの頑張りに見合ったいい道が見つかれば、いい仕事にもつけるかもしれない。そこでも頑張ったら、まわりの人の尊敬の念も勝ち取ることができ、対等の立場でみんなの仲間入りもさせてもらえるかもしれない。

だが、その一方で、何とか這い上がろうとする人たちに交じって懸命にもがくのは気の進まないことであり、場合によっては屈辱的なことにもなり、差別や偏見をよけいに助長するのではないかとも思える。いつまでも他人の目を気にして生きていくのは疲れるものだ。先入観で見られるのもいらいらする。そんなものは関係ないのだ、他人に認めてもらう必要なんてないのだ、誰かほかの人の流儀で生きる必要なんてないのだと思うと、気分はぐっと楽になる。自分は自分のままでいたらそれでいいじゃないか、と。状況がいよいよどうしようもなくなってきたら、そんなものはほっぽり出せばいい。どこにでも同じような仲間がいる。すべては遠い昔から続いてきた人種差別と貧困と排除とその結果のあれやこれやの醜い歴史のせいだと考え、やがてその若者は目の前に大きく立ちはだかる社会の壁を意識しはじめる。

一人の人間が何でこんなものに立ち向かっていかなければならないのか？　あきらめるのはいとも簡単だ。やがて成績が悪いのは自分のアイデンティティの一部となる。そして、最終的には、そんなのは学校が考えればいいことだ、俺の問題じゃない、と考え、学校まで投げ出してしまう。そうなった若者は、どうなるだろう？

いろいろと複雑なところや不完全なところがあるとはいえ、それでも学校はやはり社会の格差に最善の対応ができる場所だ。出世の階段、歯車工場など、ほかにも基本的な役目はいろいろあるが、それでも最善の対応ができる場所であれるし、また、あるべきだと思う。子どもたちがどこから、どういう経緯をたどってきたかということは問題ではない。彼らがそこにいる間にどういうことを体験し、どのような状態で、どのように出ていくか、どのような方向へ向かっていくかが問題なのだ。教育は社会のバランスを取るプロセスだ。

そして、公平の概念も必ずしも固定する必要はない。

これまでプナホウとウェルズリーの教室でいろいろと経験してきて、公平な見方とは何だろうと、何度も何度も考えさせられてきた。どの生徒も、成育環境や遺伝子には関係なく、さらに言えば、能力とも関係なく、その子はその子として評価する必要がある。どの子も、自分を賢くするのは自分の責任だ。文化の違い、経済的な格差、出来不出来の違い……そういうものは確かにある。ないようなふりをするのは愚かなことであり、何も生まない。ただし、妙に手を差し伸べるのは、さまざまな意味で大なり小なり裏切りになる。わたしはいつも黒人民俗学者ゾラ・ニール・ハーストン〔訳注4〕の言葉を思い出す。「ときどき、わたしには人種がなくなる。わたしはわたしなのだ」**どの子もいつも、いつまでもその子自身の「わたし」なのだし、その「わたし」として評価されるべきだ。**それ以外の評価はすべて裏切りになる。そして、「わたし」で**あるためには、安心してここにいていいのだと思える場所が必要なのだ。**

今日のハイスクールの生徒たちは人種の問題に敏感だ。たいていの生徒は少しでも人種差別的なにおいがするのを嫌い、そんなことをしたら、一生説教されるように思っている。この問題についてはーーほかの多くのことについてもそうだがーーもうわかっているのでいいと思っている。それでいて、ほかの生徒たちのすることも見ている。さまざまな問題について話すことは時と場合によってはプラスになると考えるが、その際には言い方や相手に対する尊重の気持ちばかりを気にする。

もちろん、率直さも必要だ。だが、違いを認めるということは、相手をありのままに認識することであり、そうなると偏見や先入観に正当性を持たせる結果になるのではないかと心配する。結局、恐る恐る忍び歩きをしているような状態になり、人種差別の問題は過去のこと、そのままにしておこうとする。これは、一つには自分に正しいことができるという自信がないことから来ているのだと思う。わたしはできると思うことにしている。もちろん、思うだけではいけないのだが。

アフリカ系アメリカ人の女子生徒の推薦文を書く

毎年秋になると、大学に志願する生徒の推薦文を書いてほしいと頼まれる。何通書いたかなんてどうでもいいことだと思っているが、おそらく毎年500通以上は書いているだろう。普通の文章で書くこともあれば、手紙形式で書くこともあり、あらかじめアンケート形式で設問やチェックボックスが設けられている用紙に記入することもある。（教師の場合は人種についてチェックを入れるボックスはないが、志願者本人が記入するものにはそれがある。）「低」「普通」「高」「優秀」「トップ10％」「トップ5％」「教員人生で最高の生徒の一人」――と、ずいぶん数が少ないように思えるが、志願者の生徒としての能力を大雑把に評価することを求めるボックスがある。

いつもそこで、手を止める。

もちろん、誰だって生徒のプラスになるようにしてやりたいし、自分の評価の公平性も崩したくないし、大学の入学選考担当者のことも考えるが……それまで自分を教師として信頼し、ずっと頑張ってついてきてくれた生徒に、いかにも客観性があるかのように段階評価をすることには、いつも抵抗を感じる。わたしが尊敬している先生方の中には、このような用紙を完全に無視する人もいる。チェックボックスだけを無視する人もいる。わたしは気が乗らないながらも、無視したら志願者に不利になるのではないかと思い、チェックを入れる。こっちの大学に行くか、あっちの大学に行くかは、彼らにとって大問題だと思うからだ。

あと何週間かしたら発送するそうした用紙の中に、あるアフリカ系アメリカ人の女子生徒のものも交じっている。いや、そんな形容の仕方より、やる気があって、誰からも好かれ、自分の信念を持ち、バランスがよく、きわめて繊細な配慮ができて、知性が高く、恐ろしく頑張り屋で、生徒としてはできすぎているくらいできていて、わたしの教員人生で最高の一人に入るが、たまたま女性で、アフリカ系アメリカ人の子、と書きたい。しかし、彼女のことを「みんなのお手本」のようには考えられないし、考えたくない。彼女は彼女であり、どこにも非の打ちどころはなく、立派で、やさしく、ユーモアもあり、かわいらしく、この地球も、あらゆる培養皿の中で最高のものだと誇りに思うような子だ。

いつか、そう遠くないうちに、こんなことはいちいち書かなくてもいい時代が来ることを望みたい。

＊1　いまではすっかり有名になった「ハパ・ブラック」の生徒、バラク・オバマもわたしが就職する数年前のプナホウの卒業生だ。

訳注1　フィリス・ウィートレイ　1753頃～1784年。アメリカの詩人。西アフリカに生まれ、7歳で奴隷として北アメリカに売られてきた。アフリカ系アメリカ人の女性として初めて詩集が出版された詩人として知られる。

訳注2　METCO　Metropolitan Council for Educational Opportunityの略称。マサチューセッツ州教育省が行うプログラム。ボストンやスプリングフィールドの中心部に近接した貧しい地域に

住む子どもたちが、郊外の学校に通えるようバス通学事業を行っている。

訳注3　ラングストン・ヒューズ　1902～1967年。アメリカの詩人・作家。ミズーリ州生まれ。高校時代から詩を書きはじめ、1925年、処女詩集『ものういブルース』刊行。ニューヨーク・ハーレムを拠点とし、アフリカ系アメリカ人の文学者として活躍した。

訳注4　ゾラ・ニール・ハーストン　1891～1960年。アメリカの民俗学者。代表作『彼らの目は神を見ていた』

第 *6* 章

物質主義に侵されずに生きるには？

上辺の豊かさに惑わされるな

「いつも不思議に思えることがある」ドクは言った。「やさしさにせよ、気前のよさにせよ、鷹揚さにせよ、正直さにせよ、ものわかりのよさにせよ、思いやりにせよ、人の美質は失敗につながる。で、いやなところ、抜け目なさとか、欲深さとか、いやしさとか、身勝手さとか、利己心とかは、成功につきものなんだ。人は前者の性質をいいと思うけど、後者の産物がほしいんだな」

——ジョン・スタインベック著『キャナリー・ロウ』

わたしたちは物質的な豊かさを求めすぎている

はっきり言って、教師にとっての金はエスキモーにとってのビーチサンダルと少し似ている。それでも、わたしもそれがありがたいものだということは知っているし、足りないという立ってきて、場合によっては死に至ることがあることも知っている。

また、有名な伝道者パウロが2000年も前に手紙に記した教えも知っている。この使徒書簡の書き手によると、金が諸悪の根源ではなく、金銭欲がそうなのであって、そこには大きな違いがあるのだという。だが、原典の書簡の言葉をどう解釈したところで、このパウロの宣教から何世紀もの歳月を経ても、金銭欲の点数はほとんど、あるいはまったく上がっていないと言える。使徒書簡の言葉の力もその程度なのだと思う。金に目がくらむこと、欲の皮が突っ張ること、物質主義……これらは広く人間の品位を汚す欠点の一つにかぞえられている。世界中で多くの人が絶望的な貧困に苦しんでいても、むやみに富を求める姿は、たとえ犯罪に当たらないにしても、悲鳴を上げたくなるほど醜悪なものになる。それでも、パウロの言葉を尊重しながらも、わたしは金銭欲をあらゆる悪の根源と呼ぶことはできない。もっとはるかにひどい、あからさまな悪や意図的な無作為もあるのだから、ちょっと問題を狭く絞りすぎではないかと思う。たとえば、残虐行為などと比較すると、金銭欲などたわいのないことで、子どもっぽいことにすら見える。

それに、もう一つ、どうして深掘りをしないのか？ **「根源」と言われた金銭欲にも根はある。もっと土を掘り返してみれば、たとえば、虚栄心なども出てくるだろう。さらに深く掘り進めば、自己愛も出てくるだろうし、さらに不安感も出てきて、そこには、さらに根があり、死の恐怖も出てくると思う。**死の恐怖より下は、ただの土だろう。通常はそこで、話が地上に返ってくる。

所詮、つかの間の命だ。そのつかの間もあっという間に過ぎ去り、あとは忘却の彼方に消え去るのだから、誰にも迷惑がかからなければ、いや、迷惑がかかろうが何だろうが、せめてこのつかの間は自分の好きなように過ごしたい。どうしてそれが理不尽と言えるだろう？ そもそも、車に乗ってさっと行けるときに、どうしてわざわざ歩こうとするのか？ 流線形でぴかぴかのポルシェ・パナメーラGTSで疾風のように走れるときに、オンボロ車に乗ってガタガタ走って、誰が喜ぶのか？ 赤のほうがいいのに、どうしてグレーで我慢しようとするのか？　こういうことを考えるのが、わたしが思うに、人間だと思う。

だから、わたしたちは企み、つかみ取る。そして、自分を恥じる。

こうしたことを気に病んだ人に、トーマス・ジェファーソン[訳注1]もいた。特権に恵まれた人生で、彼もより上等なものに病みつきになっていたが、より上等なものの話をする人がほとんどいなくなった。困った彼は、どうやら、それならいちいち手に入れるのではなく、借りればいいではないか、と思ったらしい。本でも、絵でも、ワインでも、自分の代わりに働く労働力にしても……そして、ときにはそれらに代価を支払う手間もほとんどかけなくなった。そうなると、彼自身も認めざるをえないだろうが、「借りる」の定義を捻じ曲げることになる。そして、一国を作るためにジョン・ロック[訳注2]の思想を拝借したときも、この頭のいい赤毛の男は重要な調整をした。「生命、自由、財産の追求」を「生命、自由、幸福の追求」に変えたのだ。そんなに下品なことではない、これなら。建国の精神を作り替えたのだ。

しかし、今日のありさまを見渡したら、何でわざわざそんなことをしたのだろうと思う人もいるだろう。

目を東西に転じると、ワーズワース[訳注3]の言う「浅ましいご利益」の例もある。とくにこれといって罪があるとは言えない派手なデザイナーズなんたらとか、デラックスかんたらにせよ、巧妙な節税対策にせよ、ハナミズキの木陰の堂々たる8000平方フィートの、営業用にも使えそうなキッチンが付き、裏手に出れば、ストーンデッキに囲まれたプールのある似非マナーハウスにせよ……**わたしたちはあまりにも物質的な報いを求めすぎている。**金――それはお歴々がスコアをキープするための手段に過ぎない。正味のところは野卑な欲望を刺激する価値しかない。

足るを知る、とは無理に求めないこと、旅は誰が何と言おうと目的地のことではない。もちろん、観念の世界では、大義のため、好きだから、努力することそれ自体に意味があるから、自分でも負担できることは負担したいから、無私の献身は尊いから、あるいは地球の未来が心配だから働いていると言うと、聞こえはいい……だが、それだけで放し飼いのキジオライチョウやプロバンス産シャルロットネギをバイキング社のオーブンで料理するような暮らしができるだろうか？　それに、富がいいことだとしたら、どうして大きな富を蓄えた人たちはいい人ばかりにならないのか？

だから、わたしたちは自分で選択をする。

そこで難しいのが、うまくいったと思えるかたちに到達することだ。頭のよさ、勤勉さ、抜け目のなさ、運……そういうものは欠かせないように思える。ティーンエイジャーの世界でも、胸を張れるような成績表や、科学の展示会での金賞や、ＭＶＰ賞や、スタンフォードからの合格通知をもらうのはやさしいことではない。それをもらうためにも、犠牲の精神や勇気や狡猾さや大変な努力が求められる。それに、多くの子どもたちには、アドレナリンをみなぎらせての競争も待ち受けている。

そういうものを乗り越えると、何から何まで最高級品に囲まれた生活や、世界をのんびり旅しながらの老後や、莫大な純資産が待ち受けているが、それらは創意工夫やあふれる才能や献身へのご褒美だろうか？　たいていは自由競争の戦利品、弱肉強食の略奪品、誰かを倒すことに全身全霊を捧げた結果だ。

だから、わたしたちはまたパウロとその根源に立ち返る。

それでも、ジェファーソンのカット＆ペーストが物語るように、**アメリカ人は長く富に対してアンビバレントな姿勢をとってきた。**そりゃあ、山のような富はほしい。確かに、カーネギーや、ジョブズや、ゲイツのように一大帝国を築いた人たち、権力者たちもあがめる。エネルギー、イノベーション、スマート……聖なる言葉も、それぞれには間違っていない。わたしたちは富を夢見て、そのために懸命に働き、獲得したら、さっさとどこかへ行ってそれにひたる。同時に、外見上では、慎重に親しみやすい人柄を装い、まったく普通の人のようにふるまいながら、心の中では、もっと多くの富を手に入れた人たちをひそかにうらやみ、場合によったら、裏で罵倒する権利も留保している。でまた、いつも決まって、もっと多くの富を手に入れた人というのがいるものなのだが。

現に、たいてい、良心に負担をかけないためだろうが、金持ちたちは自分たちのことをとくに金持ちだとは思っていない。*1 わたしたちは結局のところ、慎ましさを尊ぶ文化の中にいる。それなりの能力を持って、辛抱強く頑張り、倹約して無駄づかいをしないことを尊ぶ。

それに「金持ち」というのは相対的な表現だ。同じ金持ちでも、濃い薄い、色合いの違いがある。階層化もされている（不満を抱く人たちやすぐに怒りをぶつけがちな人たちの間では、「薄汚い」から「けがらわしい」に至る階層化かもしれないが）。普通の金持ち――きれいな街に素敵な家を持っている程度の金持ちはあちこちにいて、ちょっと飛び抜けた金持ちたちは、アストンマーチンに乗ったり、ユタ州のディアバレーあたりに山荘を買ったりしている。そして、ディアバレーの山荘派の間では、空港にプライベートジェットを停めている人がほんとうの金持ちということになっている。さらに、小説家のトム・ウルフ[訳注4]によると、プライベートジェットを持っている人たちの間では、壁にモディリアーニの絵をかけている人がほんとうの金持ちということになっているらしいが、そんな具合で、どこまで行ってもきりがない。金のある人たちは互いに集まって暮らす習性があるので、特権があるのはあたりまえとなり、濃い薄いや色合いの違いだけがすべてになる。

だが、そこに問題がある。あまり生活が膨らみすぎると、自分をまわりの人から遠ざけるだけでなく、この地球自体からも遊離させてしまう危険性がある。人として必要な基本的特質に欠けてくる可能性があるわけだ。だから、心はさておき、自分が昇ってきた階段の途中のあらゆるものとの草の根のつながりは慎重に保っていなければならない。エドウィン・アーリントン・ロビンソン［訳注5］の詩に描かれ、サイモン&ガーファンクルの歌にもうたわれているが、銀行家の家に生まれて、何不自由なく育ち、したいことをし尽くした末に拳銃自殺したリチャード・コーリーの身に起こったことを考えてみればいい。

そして、そうなると、今度は「古い」「新しい」という厄介な問題も持ち上がってくる。昔からの金持ちは、分不相応な特権を与えられ、退廃的な生活に陥り、自分から行動することを知らず、保身に終始するきらいがあり、新しい金持ちは、ぎらぎら、がつがつと、がさつになるきらいがある。どちらにしても、過ぎてしまうのはよろしくない。だから、アンビバレントで行くのだ。

わたしたちは、おそらく胸の奥からこみ上げてくる思いはぐっとこらえ、自分たちのよって来たるところ、この大地、琥珀色の麦の穂がなびくところ、マディソン街の広告代理店あたりならさしずめ「ハートランド」とでも呼ぶようなところから、地道に働いていくことを選び、そのほうがいいと言う。わたしたちは、敬虔で、能力があり、性格がよく、気取りがなく、他人のために働き、自分のことは自分でして、正当なもの以外はほしがらない、内なるプライドを胸に秘めた「平均的なアメリカ人」と言えるような人を高く評価する。金持ちたちに欠けていて、彼らも一人になったときにはひそかにうらやむようなほんとうの人間らしさを持っている人だ。

だから、金持ちたちはよく、どんなにかさばる富でも、プロレタリアっぽいベニア板で隠そうとする。もうそれに躍起になり、自分の特権を最小限まで圧縮し、あるいは完全に否定してしまうこともある。それほど簡単なことではないのだ、これは。

こうしたことは、自宅の勉強部屋で自分の将来の進路を思い描いている子どもたちを大きく混乱させることがある。若者たちは、わたしたちのようにアンビバレントに生きるのがそれほど得意ではない。どうしたって、やはり大金を稼ぎたいと思っている。ＩＴでも、ウォールストリートでも、クールなファッションでも、屋上ナイトクラブでも、手段は何でもいいのだが、そうすると、魂を犠牲にすることになるのではないかということを彼らは心配している。彼らだって、人助けはしたい。南アフリカのソウェトの親のない子の面倒も見たいし、もしかすると、畳の上に寝て気合のこもったタトゥーを入れてみたいと思っている子もいるかもしれないのだが、そうしたら、いいものや楽しみをあきらめなければならなくなるのではないかと思っている。

彼らも、自分のしたいことをすればいいということはわかっている。そのしたいことが少なくとも基本的には6桁の年収につながる流れと一致していれば話は簡単なのだが。面白いことに、たいていの生徒は最低でも自分が育った環境以上の暮らしは失いたくないと思っている。あるいは、はっきりと口でそう言う。なに、自分の両親みたいになりたいのか、とたずねると、違う、家は出たい、どこかへ行きたい、何かをしたい、と言う。自分の育てられ方を明確に意識して否定しているわけではないのだが、何となく、自分は何かを見落としている、もうずいぶん前から、見落としてきたという感覚に到達している。ずっと何かを背負わされて生きてきたのがいやになっているようにも見える。だが、自由への逃避はまたいずれそのうちということにして、多くの生徒は他人が描いてみせる夢の世界に従っている。

いまから5年間の歳月なんて、彼らにとっては、さっと消えてしまう霞のようなものだ。ほとんどの生徒は、その自分の前に現れた大学という大きな一枚岩のような霞の先を見ることができない。しかも、まあ、とにかく大学に行けばすべてが何とかなると思っている。その**はっきりしないところ、アンビバレントなところこそ贅沢なのだ**ということに気づいている生徒はほとんどいない。

そして、親のほうは、どんなに資力に余裕があろうと、燃える100ドル札で葉巻に火をつけたり、わが子をあり余るものの海に投げ込んだり、彼らを通して自分の虚栄心を満たしたりすることはほとんどない。というか、ほとんどの親は、愛情からわが子のために何年も犠牲になって懸命に働いてきながら、子どものために親ができることに関しては理性を保つ。これはもう、単にそれが自然というだけではすまない。称賛に値する。まさに人間的と言っていい。やみがたい希望、明確に定めた目標は、わが子に可能な限りベストな人生のスタートを切らせることにある。彼が約束を果たして、実りの多い幸せな生活を送るところを見たいのだ。わが子がいつもするすると申し分のない成功にたどり着けるとは決まっていないのに、ほとんどの親は子どもを育てる上で自分の資財をどう使うのがベストかを慎重に考える。

むやみに一所懸命になるのはいけないとわかっている。へたに大学へ行く手伝いをしたりしたら、逆巻く渦の中に飛び込むようなもので、もしかしたら、自分の手には負えなくなるかもしれないと感じている。ほとんどの親は、高騰する相場に手をだしたりしたら、それをさらに高騰させるだけだと理解している。だが、いまどきの子どもたちには、クラブスポーツから、テーマを絞ったサマーキャンプに参加したり、特訓講習を受けたりすることまで、さまざまな機会がいくらでも広がっている。それだけでも、財布はかなり圧迫される。親は子どもが自分にできることをやってもらいたいと思っているが、それがときには大変なことになることがある。ほかの子どもたちの間で負けずにやっていこうとすると、ついついエンジンの回転数を上げてしまう。

いくらそのつもりはなくても、個人的にも、社会的にも、富が思いも寄らぬ大きな結果を引き起こすことは多い。なかでもよくあるのが、あちこちから人が集まってくる現象だ。富は富を呼び、豪華な家が並ぶと町全体が豊かになる。すると、税収も膨らんで、通常は資金が豊かになって成績のいい子どもが集まる学校ができる。当然、金持ちの家族がさまざまな可能性を求めてあとからあとから集まってくる。

そうなると、必然的に不動産価格が上がり、税収がますます膨らんでくる。学校もますます充実する。それだけの環境が整った状態で、有能で、熱心で、十分にまわりのサポートを受けられる子がいい成績をとり、それが人目を引くと、さらに豊かな子どものいる家庭が引っ越してきたがり、価格はまた吊り上がる。[*2]子どもがいても、それほど余裕のない家庭はこの市場からはじかれる。余裕はあるが、成績のいい学校に縁のない家族が出ていくと、そのあとにもまたほかの金持ちたちが入り込んでくる。やがて、そこの郵便番号が大人気となり、子どもを育て、最高の大学に入れ、えり抜きの職につける場所の代名詞となる。

こうして、**特権が特権を呼ぶ構造ができてくる。吸引力は大きい。機会の均等とか、自由競争とかいった基本的なタテマエは外へはじき飛ばされていく。**このような環境で育った子どもたちはたいてい、自分たちは特権階級と見られていることを自覚するようになり、何でも上等なものでなければ満足できなくなる。

ギャツビーを反面教師に

子どもの話は絡んでこないが、金、不動産、上流社会と来ると、どうしてもジェイ・ギャツビーのことを思い出す。「研ぎ澄まされた感性」「夢を追い求める行動家」「特異なプラス思考の才能」と持ち上げられているが、わたしから見ると時代錯誤のいやなやつ、インチキに見える。彼は、富や、階級や、あいまいだが何とも魅力的な高貴の概念を取り違えている。あんなのはまったくの妄想だ。この夢追い人であくなきプラス思考の持ち主は、どこかアメリカンドリームをアメリカンギャランティーと勘違いしていて、人間の営みも財を蓄えること——彼の場合は、たまたまデイジー・フェイという姿をとる貞淑なお姫様もご褒美としてついてくるが——に目的があると思っている。まったくおめでたい人だ。

だが、わたしたちにとっては面白い、いや、重要なケーススタディだ。

確かに、『グレート・ギャツビー』はスーパーノベルだ。あの洞察力。あの緻密さと繊細さ。あのバランスと複雑な単純さ。あの叙情。そして、その中心にあの、偉大なアメリカの物質主義をとことんまで煮詰めた、その権化のような男がいる。何とも間抜けでインチキなおめでたいギャツビーの中で、フィッツジェラルドはあまねくこの世に通じる鉱脈を開く。

ギャツビーはフィッツジェラルドであり、きみたちであり、わたしでもある。わたしたちの誰の中でも、若いギャツビーの飛ぶ鳥を落とすがごとき、冷徹な現実に一度もぶつからずに目を星のように輝かせながら邁進する理想主義、満たされることのない渇望、明日は今日とは違う日になるという単純な希望が、少しはさざなみを立てる。あれは偉大な人間探求の旅であり、単なる個人のレベルではなく、人間という種全体のスケールで、わたしたちが自分を上へ、上へと引き上げようとしたときに、次々と起こることを書いているのではあるまいか？　結局のところ、自分の優位性を、たとえ心中ひそかにせよ、確認することがそれほど重要なのだろうか？　どうすれば彼には、やりすぎるといずれ自分が消えることになることがわかるのだろう？

ギャツビーの頑張りにも称賛すべきところはあるが、悲しい愚かさのほうがより強く伝わる。幸せを求めて、彼は愚かにも富への近道をしようとするが、ほんとうの幸せが始まる前に終わってしまう。そうなると、もう「グレート・ギャツビー」はただのサーカスの見世物になり、きらびやかな衣装を身につけて、ネットもなしに、自分の持てるものをすべて賭けて高い高い綱を渡り、結局はそれを渡り切らないうちに宙をよぎることになる。

そして、子どもたちは……いやまあ、その一部は……この悲喜こもごもの感情をひそかに押し殺して生きるギャツビー、「大仕掛けで、粗野で、むなしい美」の世界に何かを見る。彼らは青信号を見て道路を渡り、たいてい他人の成功した様を見て、それを自分の生き方に取り入れる。わたしはあまりそうしてほしくない。そんなことをしたら、毎日が自分を意識的に改造することの繰り返しで、頭で理解した誰かほかの人の基準に合わせて生きることになる。この人の生き方は自分にプラスになると思った人の基準だ。ちょっとひと息ついて、自分のしたいことに思いを馳せたり、どうすれば自分は満足だろうなどということを考えていたりしたら、先陣争いでほかの人たちに後れをとってしまう。だから、彼らはやみくもに突進する。

ご存じだろうが、この小説の冒頭には、トーマス・パーク・ダンヴィリエという人の四行詩が引用されている。19世紀の前半あたりの人だろうか、と読み手は想像する。きっと、イギリス人だろう、と。フィッツジェラルドがほとんど原稿を書き上げたところで、薄い本があったことを思い出す。背の書名の金箔がはがれかかった本だ。カーフスキンで装丁されていて、誰も使わなくなった書斎の書棚にしまってある。高い窓から差し込む淡い日差しに小さなほこりが舞っている書斎だ。そこの大きなマホガニーのテーブルの前に、この作家は座り、緑のシェードがかかったライトを調整し、ほっそりとした指でその本を開く。乾いたページをめくっていくうちに、ほどなくその指が止まる。あった、これだ！――と心の中で歓声が漏れる。

ただ……そんなふうに想像していくのは楽しいが……これはウソ、インチキだ。

この詩はフィッツジェラルドが自分で書いたものだ。詩人の名前も自分ででっち上げている。トーマス・パーク・ダンヴィリエ――「ジェイ・ギャッツビー」のように、いかにも響きのいい、貴族的な香りのする名前だ。アングロサクソン系のトーマスという名前にフランス風のダンヴィリエを組み合わせ、同じパークにしてもわたしは違うよとばかりに最後に「e」を付け足している(Parke)。風刺の香りを漂わせ、情念と物質主義と支配欲を語り、品性の欠如やばかばかしさも臭わせ、小説の導入部としてはまたとないものになっている。作者はどこかの女性の心を射止めたいと思っている人物に「黄金の帽子をかぶれ。それで彼女の心が動くなら」と語りかけている。高く跳んだら喜ぶなら、ぴょんぴょん跳んでみろ、と。ばかばかしさの度を越さないように、慎重に度合いをはかっている。そして、最後には、身も世もなく、彼女に「この人、絶対にわたしのものにしなくちゃ!」と叫ばせてみろと説いている。

　きみたちも、大学への出願でそんな手を使ってみたら、と思わないでもないが。

中間にいると転落してしまうのか?

何か月か前、わが家の事務局から帰りにスーパーに寄るように言われたことがあった。レジのカウンターまで行くと、見覚えのある顔がいた。教え子だ。名前はマックスということにしよう。襟の付いた白いシャツを着て、茶色いエプロンをして、名札も付け、客が買ったものを袋に詰めていた。目が合うと、その彼が顔を真っ赤にした……まるで恥ずかしいことをしているところを見つかったような感じだ。

わたしは、やあ、と言った。彼は伏し目がちにうなずき、紙袋にしますかポリ袋にしますかと聞き、やることをやりだした。この場合、袋詰め担当者の役目には、客を車まで送っていって、買ったものを車に載せて、送り出すことまで含まれている。どう見ても、低脂肪牛乳のガロンボトルと半ダースのベーグルとパック入りのサラダくらいなら、わたしの手で何とかなったが、定められた手順に従ってもぐもぐと「お送りしましょうか」と言うマックスの言葉に甘えた。話をする必要があったのだ。

おわかりだろうが、マックスも、ちゃんとした普通の子だ。ただ、ほかの子よりちょっと自意識の強いところがあって、少し変わった子の部類に入っていた。もみあげを伸ばして、髪をくしゃくしゃにして、ふざけて酔っ払いの真似のようなこともしていた。背が高くて、ひょろっとしていて、胸板は詩人のように薄く、頭は切れた。彼と話をしていると、よく迷路に入ったようにわけがわからなくなることがあった。まわりの子には、誰からも好かれているようだった。2年生のときには優秀クラスにいて、万事うまくやって、いろいろと経験をして楽しんでいるように見えた。成績としては、中くらいだったか。

マックスは、背中を丸めて、岩塩坑から塩を運び出しているような物腰で、カートを押していった。「ちょっと仕事をしなきゃいけなかったものですから」スーパーの入口のドアを開けるとき、急に彼が口を開き、ぽつりと、言い訳をするようにそう言った。

「見つかってよかったじゃないか」わたしは答えた。

「うちは……その……別に特別じゃないですから……裕福とか何とか、別にそんなんじゃないですから」

「お」

駐車場に出ると、彼はくすくすと笑いだした。「最初は見習い期間ですと言おうかと思っていたんですよ……ほら、大手のスーパーチェーンの社員に採用が決まったみたいにね」

わたしもふふんと笑った。「何で？」

「そのほうがバカっぽくないからですよ」

わたしは立ち止まった。マックスも足を止めた。正面からこちらへ向かってきていた車も止まった。「マックス」わたしは言った。**「仕事をすることにバカっぽいところなんてどこにもないよ。バカっぽいというのは自分にできることをしようとしない人のことを言うんだ」**

「わかってますよ、ええ、ええ」彼は大きくため息をつき、まるでわたしが決まりきったことを言ったように、目をぐるぐるとまわした。「ええ、わかってますよ」彼はさらにそう言って、念を押した。「もっと外へ出て、がん患者の闘病の世話でも何でもしてこいと言うんでしょう」彼はそれに答えるすきを与えなかった。「要するに、両親には……奨学金を受けろ受けろとうるさく言われたんですけど、まあ、いいと言われる大学へ行くにはちょっと足りなかったんですよ。そりゃあ、やろうと思えばできたと思うけど、そうなると、うちは、ほら、山のような借金を背負うことになったんですよ。大げさに言っているんじゃありませんよ」そう言うと、彼は「だからここにいるんです」と言うように、カートのほうを手で指した。

家に帰るまで、マックスの言葉が頭から離れなかった。奨学金を受けろ受けろとうるさく言われたけど、ちょっと足りなかった。成績としては、中くらいの子だ。自尊心が傷ついていた。何か自分に負い目があるように思っていた。どんなにまじめで、どんなにやる気があり、どんなに理解力があっても、いまの学校社会の客観的な尺度では、マックスは平均的な子、成績がBの子、大勢の中の中間のどこかにいる子だった。つまり、標準的だということ。つまり、普通だということ。

わたしの知る限り、彼は傑出した運動選手でも、天才的なミュージシャンや画家や役者でもなかった。単に誰からも好かれる、けなげに生きる男の子だった。学校に行き、ちゃんとやることをやって、仕事に行き、エプロンをして、客が買ったものを袋に詰め、家に帰り、宿題をする。いい子だ。わたしが見たところでは、自分にできる限りのことはやっていた。友達もいたし、やりたいこともあったと思う。だけど、目に見えないスクリーンが働いて、何事もないかのように彼を排除していた。彼にとっては、MITの物理マニアたちの巣窟も、カナダで開催されるアイスホッケーの大会も、シンフォニーホールの舞台も、グランドティトン国立公園での自然体験学習も、ニューヨークでの起業家の卵のキャンプも、お呼びではなかったのだ。どこかのがん療養病棟での研修という道もあったかもしれないが。そうしたこととの結果として、何となく挫折感のようなものを感じ、つい言い訳をしなければならないような気分になっていたのだ。

学校では、大きな可能性を見せた子や懸命に注目を引こうと努力している子が称賛され、表彰され、特別な救いの手を差し伸べられ、背中を押されるということがよくある。それも、少なくとも一面では、成績重視の結果なのだが。マックスのように**大勢の中の中間のどこかにいる子**、**「学年相応の学力」の子、「一兵卒」は、「レーダーで捕捉できない低空」を進み、ときとして「岩の割れ目に転落」してしまう。**社会学者なら、忘れられた中間層とでも呼びそうな子どもたちだ。

もったいないところもあり、物足りないところもある。なかには、このような苦境を奮起のチャンスと見る子もいるかもしれないが、ただ肩をすくめてとぼとぼと歩いていく子のほうが多いだろう。そして、多くの子どもたちは流れに身を任せ、底へと沈んでいく。それならそれで、助けを求めるブイでも浮かべてほしいと思うのだが。こうしたことの中で、上昇しようという意識を持ってもらうためには、勉強することの面白さに気づいてもらうためには、どうすればいいのかと考えてしまう。

また別の大勢の中の中間には、「いいと言われる」大学の学費の支払いは「やろうと思えばでき」たが、身動きがとれなくなる子もいる。金は借りられても、自分の金が足りない子だ。アメリカの大学生の借金の総額は1兆ドルに近づいている。**大学生の3分の2は卒業するときに借金を抱えている。この驚愕の現実は、もちろん、何のための大学かということもさることながら、そこでの経験そのものも変質させる。**真実の探求はどうなるのか？　内面を豊かにすることはどうなるのか？　学ぶ楽しさを知ることは？　英知を引き出すことは？　遊ぶことだって、返済しなければならない山ほどの借金と学生たちを食い物にする利子があったらどうなるのか？　残酷な現実が何年も何年もあとまで残るというのに、それに打ち勝ってキャリアを積み上げていくことを夢に描くことすらできるのだろうか？

仕事をするのにバカっぽいところなんてどこにもないことは、そう思い込めばいい話だが、果たして今日の経済的状況で、そんな健全な精神状態を維持できる子がどれだけいるだろう。それに、第一、大学を出たところで、すぐに高額の収入が入ってくるはずなどない。そうなると、当然、大学を卒業した人は金の奴隷のようになる。そうならざるをえないのだ。

どんな仕事も、うまくできれば充実感がある

「あの連中は君や僕とは違うよ」フィッツジェラルドはそう書いている。有名なセ

リフだ。金持ちたちのことを称賛と羨望、そしておそらくは多少の軽蔑の念もこめて言うセリフだ。だが、教室では、少なくとも建前上は、教師が人はみな平等だ、金持ちかどうかなんて関係ないと言うことになっている。どの生徒が金持ちの子かなんて聞かないでほしい。そんなことは言えないし、知りたくもない。マックスのことだって、いろいろと聞いたとはいえ、彼がセントレジスホテルの角部屋のスイートから口のまわりにルームサービスのキャビアを付けて出てきたところで驚かない。だから、生徒たちも、できれば授業のことにだけ集中し、ほかのことには気をとられず、教師だって誰だって、金持ちとか、貧乏人とか、その中間とか、そんなことは気にしていないと考えてほしい。

ところが、**いまはあまりにも多くの若者たちが金持ちであることと偉いことを混同している。**彼らの頭の中では、成績は報酬のように理解されている。生徒は成績平均点で決まる。成績優秀者のリストは貴族の名簿のようなものであり、3・9だの、4・0だのとなると、大変なものになる。その下には、マックスやその他の、大勢の中の中間がいる。知性を磨く楽しさなんて、たまたま発見できればいいものだ。生徒は自分の世界でこつこつと努力している。成績はその配当金のようなものだ。「勉強すればするほど金持ちになれる」どこかで生徒が訳知り顔でそう言っているのも聞こえてくる。それもこれもひとえに、教師が引用する詩人には「成績」と「金儲け」に韻を踏ませることもできないように見えるからだ。

問題は成績。大学入学選考の担当者もそう考えていると思われている。だから、たちまち、生物学の授業も生命の謎や奇跡を探求するものではなく、学年末にAを取るためのものになる。そこから、医者になっても、患者の健康を気遣うことより、バハマでカイトサーフィンをすること（あるいは、学生ローンを返済し、家賃や専門職過失責任保険の支払いをすること）で頭がいっぱいになるには、それほど時間はかからないのではあるまいか。そして、スーパーで客の買ったものをレジ袋に詰めることは恥ずかしいことになる。単調で誰にでもできる作業だし、給料は安いし、どう見ても頂点に通じる道のようには見えないからだ。

仕事には、うまくできれば充実感がある。どんな仕事でもそうだし、とりわけ地味な仕事はそうだ。だが、いまの若い人たちにとっては、そんなことはどうでもいい。現実と向き合い、よかれと思う道を前へ進めることや、自分の信念として一所懸命に働くことや、現実の生活の足らずを意識してそれを何とかすることではなく、仕事なんて何でも——スーパーで客の買ったものを袋詰めすることも含めて——かけた元手を回収するために耐えることに過ぎなくなっているのだ。

だが、わたしたちは彼らを責められるだろうか？　何と言っても、彼らはまだ子どもに過ぎない。ほとんどの子どもたちは、自分たちが生まれるよりはるか以前から世の中に定着していた身過ぎ世過ぎの姿勢で新しい現実に素直に反応しているだけだ。仕事の肉体的負担や心理的負担をできるだけ軽くしようとしたり、その結果として得られる物質的な成果を過度に喜んだり、持ち上げたりしていると、誠実な努力の価値をそぐことになり、ちまちまとでも誠実に行われている仕事は、彼らにとっては劣った人間がすることになる。「そんなの、メキシコ人のやることだ」わたしのクラスでも、ある生徒が思わず、そう言ったことがある。マキアベリ[訳注6]のように、陰でいろいろとやろうとする知恵に加え、潜在的に強い者に媚びようとする姿勢は意図せぬ副作用だが、残念なことに、こういう発言が表に出ても、糊塗されてしまう。自分の分をわきまえようとしたりしていたら、新しいカースト制ができるかもしれない。そして、その頂点では、特権が特権を呼び、新たな処世訓が生み出されていく。

もしかすると、パウロも新しい使徒書簡を書いたほうがいいのかもしれない。

＊1　少し前に、ある金持ちの友人が大まじめにこう話してくれた。「100万ドルなんて、そんなにたいした金じゃないよ。実際に何かをするときは、ポケットにいくらあるかが問題だ。税金はかかるし、マーケットは不安定だし、手数料や何かもかかるし、資産にも手を入れなきゃいけな

い。考えることが半分ですむほうがラッキーだよ。まあ、3分の2くらいでもいいけど。車を買うだろう。不動産も買うだろう。子どもたちは大学に入れなきゃいけない。休暇にも行かなきゃいけない。100万ドルなんて、あってもちっとも楽にならないよ」

＊2　おそらく、たまたまではないだろう。いや、わたしの住むマサチューセッツでは、「おそらく」も取っていいだろう。最も年収の高い人たちが住む町が不動産価格でも一番になり、学校の成績も一番になる。年収が少ない人たちの住む町では、その逆の現象が起こる。

訳注1　トーマス・ジェファーソン　1743〜1826年。第三代アメリカ合衆国大統領。1776年のアメリカ独立宣言の主要な作者であり、建国の父の一人。

訳注2　ジョン・ロック　1632〜1704年。イギリスの哲学者。その政治哲学がアメリカ独立宣言に大きな影響を与えた。代表作『人間悟性論』

訳注3　ウィリアム・ワーズワース　1770〜1850年。イギリスの詩人。湖水地方の自然を愛する一方、ドイツ、フランスなどヨーロッパを旅した。代表作『抒情小曲集』(サミュエル・テイラー・コールリッジとの共著)

訳注4　トム・ウルフ　1931年、アメリカ、バージニア州生まれの小説家・ノンフィクション作家・ジャーナリスト。代表作『ザ・ライトスタッフ』

訳注5　エドウィン・アーリントン・ロビンソン　1869〜1935年。アメリカ、メイン州生まれの詩人。ピューリッツァー賞の詩部門で3度受賞した。

訳注6　ニコロ・マキアベリ　1469〜1527年。イタリア、ルネサンス期の政治思想家でフィレンツェ共和国の外交官。代表作『君主論』

第 7 章

同じ舟に乗って

同調圧力にも利己心にも負けない生き方

偉大な善人になろうとするなら、ひとりのことを、また全員のことをよく想像することだ。自分を他者に、また、多くの他者に置き換えて考えなければならない。そうすると、人間という種の痛みや喜びは彼自身のものとなるだろう。

——パーシー・ビッシュ・シェリー著『詩の擁護』

「溶け込みながら目立ちたい」って？

二人の考え方が調和していたからかもしれないが、ジョン・スタインベック[訳注1]と彼の友人の海洋生物学者のエド・リケッツ[訳注2]は、人間も含めた生命体の集団は全体としても個体のような行動をとることがあるという考え方をとっていた。魚の群れも、ガンの群れも、ガゼルの群れも、それぞれ魚やガンやガゼルの個体で構成されていながら、一つの生命体の中で個々の細胞が密に調和して機能するように、一つのまとまった生命体のように機能することがある。さらに、スタインベックとリケッツは、人間のコミュニティもその行動の中で個体のようなところを見せると主張している。

モントレーの海洋生物学の研究所で時間をつぶしていたこの二人にしても、夕食のテーブルを囲む家族にしても、野球チームにしても、オーケストラにしても、消防隊にしても、企業にしても、軍隊にしても、一つの都市にしても、相互の利益のために、個々の個体が自分たちの当面のニーズは後回しにして、集団のために何かをしようとする。ハイスクールのクラスの生徒たちにしても同じだ。

集団の中にいる個人は、直観的にみんなのためになることが自分のためにもなると判断し、立ちどころにその集団の中で自分が何をすべきかを理解する。なかにはどう見ても全体の成功にとってより重い役割を担う個体がいる一方で、それとなく貢献する個人や、お呼びがかかったときに――まるでオーケストラの後ろにいて、弾むような『そりすべり』の演奏の途中でバチッ、バチッという音を入れる拍子木の奏者のように――存在感を発揮する個人もいる。

ハイスクールの生徒たちとそういうことをしていると、本能的な、ともすると遺伝子にまで刻まれているような自己中心的な傾向と向き合うことになる。確かに、大人になるまでの一つのプロセスという面もあるのだが、この頃では、**世の中の趨勢やソーシャルメディアや大学へ行くことしか考えていない風潮のおかげで「自分が」「自分が」という衝動が強まっている。**誰が好んで人間トーテムポールで下になろうとするだろう？　いちばん上になるのよ、いいわね、にっこり笑っているところを写真に撮ってあげるから、いや、いっそのこと、あなただけの写真を撮ってインスタグラムにのっけましょう、ところで、あの拍子木を鳴らしていたかわいそうな男の子はどこへ行ったの？――という具合だ。

もはや、わが子が注目を浴びるために金をかけようとするのは、ごく一部の親だけの異様な行動ではなく、多くの親にとっては、フルタイムの仕事になっている。一つのことに目の色を変えた親と子どもたちの軍団が押し寄せ、「わたしが」「ぼくが」「うちの子が」と大合唱をする。誰もが自分のことしか考えなくなると、プロセスは激化の一途をたどり、目標とする成果も増えてくる。だが、頂点には一つしか席がないことは誰にもわかっている。ほかの子どもたち、グループのほかのメンバーは、ともに一つの目標を追いかける仲間ではなく、チームメイトでもなくなり、邪魔者、競争相手、脅威になってくる。やらないと、やられる。教師がほかの誰かに声をかけたら、自分は選ばれなかったことになる。

だが、それでも**みんなで一緒に何かをすることはわたしたちを大きくしてくれる。経験が増え、生きているという実感も鮮明になる。**子どもたちには、それがわかっている。彼らはずっと、そういうことを感じつづけているからだ。確かに、彼らの自己中心的な傾向も大変なものだが、同時に、彼らは溶け込みたいという気持ちも持っている。受け入れてほしい、確かにみんなの一員として認めてもらって安心したい、いつでも頼りになる仲間が「ついていてくれる」という気分でいたいと思っている。溶け込みながら目立つというのはやさしいことではないし、そこには思春期ならではの厄介な問題も絡んでくる。彼らの思いは交錯し、衝突する。それでも、自分たちのグループは大切にし、おそろいのハーフジップのユニフォームやTシャツを作ったりすると、胸膨らむ思いがするし、結果的に、溶け込むことが目立つことにもつながる。4月のまだ肌寒い朝、野球のシーズン開幕戦をあと数時間後に控えて、しゃれた筆記体の自分の名前と背番号を縫い付けたユニフォームの上に、てかてかのおニューのグランドジャンパーを羽織り、かつかつと廊下を歩いていく……こんなにわくわくするときはない。

結果的に、ハイスクールはさまざまな部族自治区が入り乱れるようなところとなり、文化人類学者のマーガレット・ミード[訳注3]でも呼ばないと、整理がつかなくなる。十代の子どもたちはいつでもどこかに帰属意識を求めている。あぶれ者やつまはじきまでがほかのあぶれ者やつまはじきとの間に連帯感を感じている。それを「群れたがる」などと表現すると、現象を矮小化してとらえることになり、グループのメンバーを「友達」などと思っていたら、的を外してしまうことにもなる。ティーンエイジャーにとって、彼らの安心感や連帯感の源となるグループほど重要なものはほとんどない。規模を小さくした結社のようなものであり、人間の本能だ。

これらのグループがより公式で具体的になると、その活動に共通の目的ができてくる。テニスをやるとか、冬のダンスパーティーを企画するとか、ハリケーンの被害者救済のための募金をするとかいう目的ができてくるが、それよりもグループへの献身の姿勢のほうが重視される。どのグループにも独自の儀式や流儀のようなものができてきて、言葉遣いまでが独特になることも多い。

これらのグループは授業中に階段の踊り場にたむろして時間をつぶしているグループ程度に目的が決まっていれば存続することができる。カフェテリアに専用のテーブルを確保し、体育館にも秘密の巣穴を作り、片隅に巻いてしまっているマットを自分たちのものにして、学校の近くの森の中にも自分たちの空間を作る。特定の教師やコーチを崇拝したり、同じビデオゲームの愛好者で集まったりすることもある。自分たちを結びつけるものは何でもいい。一緒に集まることが重要なのだ。

通常はグループ内の上層部の総意に基づいて認められるメンバーの資格を獲得するのは容易ではなく、努力したところで報われるとも限らない。もちろん、親は、あれこれと詮索するかもしれないので、のぞくことを許されない。「よけいな干渉をするな」ということだろうし、現にそういう言い草をよく耳にする。どのグループ内でも人次第に、何となく、人気がメンバーの上下関係を決める一つの目安になってくる。人気は力だ。人気の要素は容易に特定できる——信用、見た目、弁舌、大胆さ、要領のよさ——決まったものはないが、見せかけだけは許されない。あるか、ないか。判断はすぐに下され、いつまでも持続する。それに、人気があるということは、かっこいいと同義ではないにしても、まあそんなものだと受け止められる。*1

大学志願者たちは、チームワーク、協調性、リーダーシップ、なかでもとくにリーダーシップのようなものが入学選考の担当者の胸に響くと思い込まされている。だから、いまでは大勢の大学志願者たちが自分の笑顔に磨きをかけ、人前でみんなを引っ張っていきたいという話を熱く語れるようにしている。彼らはさまざまな活動に参加し、ホームレスのための炊き出しの会場に顔を出した政治家のように、ここぞというシャッターチャンスを心得て写真に収まっている。(例外は自分の世界に閉じこもって宿題やバイオリンの稽古のことばかり考えているがり勉の生徒であり、こういう生徒は一人で孤立していることが多い。)

一流大学はアメリカンドリームの世界に向かって開いたエメラルドの門であり、そこに通じる道は「飲酒運転撲滅学生連合」や「再生可能エネルギークラブ」や「水銀安全処分クラブ」の先にあるように思われているので、ほとんどの大学志願者たちは、まじめを絵に描いたような生活を送りながら、喜んでさまざまな活動に参加し、腕を組み、体を揺すって『ウィ・アー・ザ・ワールド』をうたっている。それがまったく普通のことになっているので、そうした動機をとがめられている生徒はほとんどいない。もちろん、活動理念の実現に寄与したことや、現場の経験からさまざまな教訓を学んでいることは評価される。それらは彼らの利益を超えたところでものを言ってくる。履歴書にプラスにならない目的のグループに参加している生徒たちは冷ややかな目で見られ、残念な傾向として色分けされている。

こうなると、また違った現象が起きてくる。今日では、多くのハイスクールがさらに一歩踏み込んで、地域奉仕活動を必修にしている。卒業するために単位を取得する必要があるカリキュラムの一部として、生徒たちに一定時間の検証可能な奉仕活動を求めており、生徒たちをその要件充足にふさわしい活動に送り込んでいる。これは、いまでは重要な教養教育の一部とされており、（おそらく、たまたまだろうが）多くの若者たちの間で広がっている過度に自己中心的な傾向の矯正手段にもなっている。また、大学の入学選考上でも、ほかの課外活動より、[*2] チームワークや協調性の養成につながるようなより現実的ですぐに役立つ地域奉仕活動が重視されている。（学生起業のような場合でも、慈善目的のほうがいいらしい。もちろん、マックスのようにただ使われているだけでは、ほとんど考慮の対象にならないわけだが。）

だが、こうなるともう**ボランティアは本来の意味で言うボランティアではなくなっ**

ているので、生徒たちは自分の考えや、場合によっては人間性までもがねじ曲げられ、強制的に自分をPRさせられているように感じている。その結果、自由意思に基づかない無私の活動が、ずるいかもしれないが、自分の将来につながる新たなチャンスと理解されている。そして、そのずるさが、仮に倫理的には問題がなくても、原理上は利己的な無私につながっている。謙虚さがずいぶん堂々と吹聴されている。そして、川底のゴミを拾う生徒も、動物シェルターやがん病棟や図書館や美術館や老人家庭の手伝いをする生徒も、赤い羽根を付けるように自分たちの活動を宣伝していくことが、完全な違反には当たらないにしても、他者への無私のサービスの精神に逆行していることを理解している。だが、やるしかないから、仕方なくやっている。

わたしはいかにして教師になったか

1986年6月、初めて教師としてプナホウの教室に足を踏み入れたとき、わたしには何もわかっていなかった。授業をどこへ向かってどう進めたらよいか、そういうことはまったくわかっていなかった。これではちょっとまずいかな、とは思ったが、厚かましいものだから、気にしなかった。

生徒のことも知らなかった。彼らが何を求めているかも。頭の中で何を考えていて、何を考えていないかということも。カリキュラムも知らなかったし、地域の文化も知らなかった。教授法さえ知らず、仕事のコツのようなものも知らなかった。担当するコースの名前を除けば、ほんとうに、よく考えてみると、何を教えるかも知らなかった。リーディングか？　ライティングか？　自己認識か？　社会的責任か？　文法か？　文学の表と裏か？　発見の喜びか？　つい本能で、この最後の一つに望みをかけたが、それで何がわかったと言えるだろう？

それに、だいたい、教師のことも知らなかった。教師とはいったいどういうものなのか？　どうして自分にやっていけると思うのか？　果たして責任が持てるのか？　わたしは英語の修士課程を修了したばかりで、本を読むのは好きだった。教室の鍵も持ち、18人の生徒の名簿も渡されていた。それから7週間、週に5日、毎朝2時間の授業を担当する生徒たちの名簿だ。だが、それだけだ。わたしを採用した人は休暇でいなかった。サマースクールの校長は、わたしと会って握手をすると、では、よろしく、と言ってさっさと自分の部屋に戻った。とたんに萎えそうになる気分とわくわくする気分の両方を感じた。勉強するのは生徒たちの役目であると同時にわたしの仕事でもあったが、それはあまり表に出さないほうがいいのではないかと思った。

最初からいきなり教師としての知識が皆無に等しいことを明かすのはどうも気まずかったのだが、そう、もちろん、いかにも自分らしいやとは思い、悪い気はしなかった。木曜日には月曜日より少しはましになっていればいいんだ、と思った。そして、そのうち、わたしを採用した人たちにも、生徒たちにも、わたしでよかったと思ってもらえるようになればいいのだし、自分でもそう思えるようになればいいのだ、と。

それでも、最初はきつかった。わたしは当時27歳で、ゼロからスタートするには少し遅かったかなと思っていた――いまから思えば、お笑い種だが。人に何かを教えたことはなかったし、教師に関する本を読んだこともなく、まさかそれを自分の一生の仕事にするなどということも、一度も考えたことがなかった――もっとも、数年前に一日だけ、友人のために6年生を代わりに教えたことはあったのだが。「教えた」などと言うと、拡大解釈になる。ただ偉い学者の話を読んで、あとは外へ出て、キックベースボールをして遊んだだけなのだから。わたしにとって、学校というのはいつも何かいいものを残してくれるところではあったのだが。

だが、ハワイを自分の職場と定め、給料をいただくとなると、調整も必要だ。プナホウの人たちはいい人たちで、新人はやんわりとスタートさせたほうがいいということがわかっていて、サマースクールでは、わたしに大学進学を希望する（あるいは、強要されている）新2年生と再履修の必要がある新3年生、それに一人か二人の編入希望者を対象とした「小説／ショートストーリー」のクラスを割り当ててくれた。わたしは感謝し、また喜んでやってみることにした。何はともあれ、これでひと夏はホノルルにいられる見込みが立ったわけだ。

そこに至るまでの過程はこうだった。4か月前、わたしはいやらしい気管支炎を振り払うことができなかった。一日中、夜通し、窓が震え、壁にひびが入るほど激しく咳き込んだ。胸が痛んだ。喉も悲鳴を上げた。足の爪先のほうから、壊疽《えそ》が広がるように倦怠感が這い上がってくるのを感じた。わたしは叶わぬ目標に挑戦していた。みじめったらしい車に乗って、医療保険にも入らず、ボストンの薄汚い地区の暖房もきかない狭いゴミ溜めのようなアパートに住んでいた。

金もなかった。ベッドは詰め物用の発泡材を床に敷いて、それで間に合わせていた。食事はコーンフレークかM&Mのチョコだった。誰もわたしが書いた小説を出版したがらなかった。ひどい天候にうんざりしていた。そして、自分がときおり虚空に向かって投げ上げていた新作、若い古生物学者や化石発見の話にも、いや、それにそとくにうんざりしていた。咳き込み、咳き込み、咳き込むうちに、若くして結核に倒れたジョン・キーツのことも頭に浮かび、自分を重ね合わせるのを楽しむようにもなり……仕方ない、才能がなかったのだ、英文学専攻の負け犬だと思っていた。本はいやになるほど読んだ――小説家のトーマス・マクギュエイン[訳注4]も書いていたように、買うために必死の努力をした――が、それもちぐはぐだったのだ、と。

そこで、青天の霹靂だ。デューク、大学時代のルームメイトが電話をかけてきた。そう、青天ではない。空はどんよりと、一面の鈍色だった。いつも元気で、臆することを知らず、カリスマ性のあるデューク。わたしが『明日に向って撃て！』[訳注5]のサンダンス・キッドなら、彼はいつも冷静なブッチ・キャシディだった。海軍の任務でパールハーバーに来ている、おまえも来ないか、と言う。ちょっと陽に当たれ、新しいページをめくるんだ、と。

ハワイか。

何を言ってるんだ、と思い、咳き込みながら、思い浮かべてみた……自分がハワイにいるところを。すると、1秒後には、悪くないじゃないか、と思え、そうだな……行ってみるか、という気になった。まだカリフォルニアも見たことがなかったのに。

わたしはさっと立ち上がった。すると、どこからともなく、ほとんど同時に、大学の同窓会誌にエンザイン・デュークの話を書いてみようかというアイデアが浮かんできた。電話をかけて、編集者を呼び出してもらった。驚いたことに、彼は乗ってきて、飛行機のチケットを買ってくれた。

羊の毛で埋まったような空から雪が舞い落ちる朝、ボストンを発った。ひんやりするロサンゼルスで乗り継いで、まばゆいオアフの陽光の中に降り立った。真夏のような暑さ。花の香りを含んだ風が肌を撫でていく。一方には、きらきらする海。もう一方には、ごつごつとがったエメラルド色の山々。そして、彼方には、まぎれもなく虹が出ている。いや、二つだ、ダブルで出ている！　花柄のサロンをまとった美しいアーモンド形の目の女性が近づいてきて、レイを首にかけてキスしてくれた。

いいな、ここは、と思った。

デュークとわたしはスバルに乗って、ダイヤモンドヘッドの展望台まで行った。わたしは道中ほとんど、犬のように窓から首を突き出していた。咳は止まった。胸が締め付けられるような感覚も、いつの間にかやわらいでいた。空気だな、と何度も思った。ハワイで飛行機から降りてまず真っ先に気づくもの、無視して通り過ぎるわけにはいかないもの。空気だ。

わたしたちは車を停め、外に出て、目の前に見渡す限り広がる青い太平洋を眺めた。水平線の向こうへ沈みゆく太陽が空を赤く染めていた。眼下には、サーフィンする人が15人、いや、20人ほど見え、頭の上には、グンカンドリが舞っていた。両手を腰に当てて、改めて、大きく深呼吸をし、また海に目をやった。「夢のような」という表現がぴったりくるところだった。何気なく目を落とすと、そこにちょうど、海岸線から半マイルほどのところに、まるでわたしが呼び寄せたように、ドンピシャのタイミングで、黒い、大きな、バスのような鯨の背中が出てきて、空中に高く潮を吹き、そのしぶきを浴びながらまた水中に潜った。お告げだ、これはもう。

ここに残ることになるな、と思った。

それなら、仕事が必要だ。ほとんど何も考えていなかったが、頭の中で勝手にダイヤルが回って「学校」という言葉が浮かんだ……究極のＮＰＯだ……学校が人を雇うとしたら給料は間違いないのではないか、という思いもあった。プナホウという名前は知っていた。前にそこへ行った男を知っていて、彼が書いたものを読んでいたのだが、その名前の響きが気に入っていた。それで電話をかけて、交換手に用度課につないでもらおうとした。仕事の口があるなら、芝刈りでもペンキ塗りでも、何でも喜んでやらせてもらいたいのですが、と言って。何で収入を得るかについてはこだわりがなかったので、思いついた職種を言った。

だが、交換手はまるで母親のような口ぶりで、大学は出たの？——と聞く。はい、と答えた。すると今度は、専攻は何？——ときた。英語です、と答えると、彼女は幼稚園から12年生まで一貫のプナホウで「アカデミー」と呼ばれている9年生からの上級学校の英語科主任につないでくれた。彼の対応もよかった。わたしが自分のことを説明すると、エドと呼んでくれ、と言い、学校まで来ないか、と言う。わたしはクックホールの彼の小さなオフィスを訪ね、話をした。気さくでどんどん話をする彼は、あちこちを案内してくれた。

学校を見せてもらったわたしの印象をひと口で言うと「（ボウリングの）ストライク！」と言えばいいだろうか。エドのオフィスに戻って、また少し話をした。「『白鯨』は読んだことがあると思うけど」と聞くので、「読みました」と答えると、「そうか、どう思った？」とたずねた。わたしは思ったことを話した。数週間後、彼は電話をかけてきて、やってくれ、と言った。

わたしは英語の教師だった。あ、いや、英語の教師になることになった。

初めての授業

教室はオールドスクールホールの2階にあった。1851年に建てられた溶岩造りの素朴な建物で、キャンパス内では最も古く、下に二つ、上に二つの教室があった。外に木の階段が付いていて、それを昇って建物の角を曲がったところが狭い廊下になっていた。あの初出勤の日の朝には、その狭い外廊下でほぼ全員が待っていた。

Tシャツを着た14歳から15歳の子どもたちが、壁にもたれて座り、目を丸くしてこちらを見上げていた。近くに立つ大きなアメリカネムノキからは、まっすぐに朝の木漏れ日が差していて、ハトがクークーと鳴き、スプリンクラーのクイックイッと回る音も聞こえており、遠くからは朝の街のざわめきも伝わってきていた。

当面、内心ではこう考えていた。とにかく今日の2時間はなるに任せて、また明日もここに戻ってくる気になれるかどうか、確かめてみよう。何をどうするか、どうするのがいいかということはそれから考えればいい、あわてることはない、と思った。高邁な理想や現実的なあれやこれやはあとで考えればいいのだ。

深く息を吸い、「さあ、やるぞ」とばかりにその息を吐いて、教室の鍵をあけた。

静まり返った薄暗い教室に足を踏み入れた。１３５年間、何人もの先生や生徒たちが崇高な思いを胸に一緒に時間を過ごしてきた空間だ。チョークの粉が漂い、掃除の洗剤のにおいや何かがしていた——まだみんな頭が眠っているのだろうか。それとも、期待に胸を膨らませているのだろうか。それとも、不安で胸をどきどきさせているのだろうか。わたしは照明をつけ、天井ファンも回した。子どもたちも席に着いた。

何かいやなムードだなと思った人もいただろう……何と言っても、このときは夏休みで、まだ朝の８時にもなっていなかった。こんな時間からしゃきっとしているティーンエイジャーがどこにいるだろう。まともな子どもが勉強をしたいと思うだろうか？　夏休みに勉強なんて。外では、新しいハワイの夏の一日が準備運動を始めていた。ワイキキビーチからは１マイルと離れていなかった。サンディ、マカプウ、カイルアといった素敵なビーチも、すべてそう遠くないところにあった。教室から２００ヤードも離れていないところでも、学校の立派なオリンピックサイズのプールが日差しを浴びてきらきらと輝いていた。わたしはそうしたものすべてに逆らったことをしようとしている、と思った。もちろん、生徒たちも同感だっただろう。

ふーっと大きく息を吐きたくなる気持ちを抑えて、これから始めようとしている知的刺激の時間に備え、にこにこと笑顔をふりまきながら、環境を整えようとした——

窓をあけ、シェードを調整し、天井ファンの回転数も切り替えた――子どもたちにもきっと経験豊富な教師だって同じことをすることがわかっているだろうと思いながら。彼らの視線は痛いほど感じていた。まさに穴があくほど見つめていたのだ。

最後の生徒が入ってくると、わたしはつい思いつきで、さあ、じゃあ、机を並べ替えてみんなでまるくなろうかと言った。どこから湧いてきたアイデアかはわからないが、彼らは言われた通りにした。このときの、ちょっとした、だけど何とも素早い対応に、わたしは驚いた。のろのろする子は一人もいなかった。誰も「ねえ、元のままのほうがいいよ」などとは言わなかった。手を振って「勝手にすれば」などと言う子も一人もいなかった。その瞬間、わたしは自分が責任者、司令官、権力者になっていることに気づいた――初めて担う役割だ。それまでのわたしの指定席は、強いて言えば「物言わぬ傍観者」だったから。

黒板の前にある灰色の堂々とした教壇を使うことを拒否し、わたしも生徒たちと同じ机を使って、車座になった彼らの間に交じって座った。そして、互いを――彼らがわたしを、わたしも彼らを――見合った。彼らの表情はまだとろんとしていたが、どこか生き生きしてきたようにも見えた。開いた窓の外から、クークーというハトの声とクイックイッというスプリンクラーの回る音が聞こえていた。わたしは出席をとった。やはり教師になったのだなと実感したが、これで5分は過ぎた。

それから、わたしは自己紹介をして、大雑把に、バラ色の前途の話を始めた。生徒たちは行儀よくじっと聞いていた。1分半ほどかけたが、その程度なら、井戸は干上がらなかったということだろう。だけど、何でもそうそううまい具合にはいかないだろう、とは思った。気持ちがはやってきて、早くなごやかなムードを作りたいと思っていた。そこで、生徒たちにも自己紹介をさせることを思いついた。名前を言って、趣味は何だとか、この夏休みの間にしたいこととか、少し何かを付け足してもいい。最初はいい感じになりそうにも思えたが、すぐに「ジェイソンです。ポロが好きです」「ロレーナです。友達と一緒にいるのが好きです」といった具合に、同じような告白の羅列になったところで、「ナニです。ところで先生はこれまでどれくらい先生をしてきたんですか?」と来た。

次へ移るときだ。

まあ……それは……あまりうまく言えるかどうかわからないけど、ぼくはこれまでずっと……その……自分の中に閉じこもっていたんだね。自己満足の世界というか、自分一人の世界から抜け出せなかったばかりか、正直に言うと、ちょっと自意識が邪魔して、はっきりとものが言えなくなって、自分一人の中にため込んだ、誰にも通じないナマな感情でちっとも美しくも面白くもないものばかりを作ろうとしていたんだね。そういう意味では、まったくの落ちこぼれだよ。誰のせいでもない。

人の考えや意見は、ほかの人に通じるかたちになっていない状態であたり一面にまき散らして、あちこちにごつんごつんとぶつかるうちに次第に役に立ちそうなものになってきて、最後には、ほかの人にとってもありがたいものや心地よいものになっていくんだろうけど、僕の場合は、そこまでなかなか到達することができなかった、というか、まわりの人がそこまで到達するのを待っていてくれなくなるんじゃないかというのが不安になってきてね。そうなると、よけいに気持ちが萎縮してきて、ますますどうしていいかわからなくなって、結果的には、自分を身動きのとれない状態に押し込めて、ほとんど誰とも話をしない状態になった。世間では、そういうのを内気というのだろうけど、僕は必ずしもそれは正確ではないと思っている。でも、ともかく、そこからようやく脱出できたんだ。それはわかっている。もう部屋の外に誰がいようと、気にならない。頑張って先生になることにしたんだ。ここの先生にね。

気がつくと、教室の中は静まり返っていた。少ししゃべりすぎたかなと思い、今度は一転してやんわりと、君たちの思っていることも聞かせてくれるかなと言ってみた。これまでに授業で習った小説のこと、ショートストーリーのこと、戯曲のこと、詩のこと、映画のこと、よかったと思う英語の授業のこと、ひどかったと思う英語の授業のことなど、何でもいいから、と。そして、生徒たちの返してくれた言葉の一つ一つに、どんなにつまらないものでも、よくしゃべるな、早口だな、長いな、自信満々だな、からかってんのか、何を言いたいのかよくわからないぞ、という反応を返していった。

そうしてわたしが反応を返すことが、何を言ってもいいことの証拠のように受け取られていた。生徒たちに気にする様子はなくなってきた。というか、すっかり安心しきっているように見えた。わたしはどんどん勢いをつけていくことにした。エンジンになるのだ、脈打つ心臓に、媒介役になるのだ。全員の意見がわたしを経由した。まるでテレビ番組の司会者になったような気分になり、面白くなってきた。そして、それまでわたしを閉じ込めていた殻がバリバリと音を立てて割れていくような、奇妙な感覚を覚えながら、生徒の様子を見て、その話に耳を傾けた。

だが、すぐに気づいたことだが、その面白さを優先させることはなかったし、優先させるべきでもなかった。

そのうち、わたしはブレーキをかけ、いったん教室の中を静めてから、いかにも教師らしい威厳を漂わせて（もう自信に満ちた口調になっていたと思うが）、さあ、そろそろ本題に入ろうじゃないかと言い、生徒たちに紙とペンを出して、わたしの授業やわたしに期待すること、それに自分はどうしようと思っているかを書くように言った。これは、自分の殻が割れていくのを感じているうちに頭に浮かんだものだが、どこから湧いてきたかはわからない。でも、この朝一番のアイデアだった。わたしはもう全身の感覚が働いていた。そう、間違いない。何もかもがすかっとしていた。素晴らしい眺めだった。

足が床に届きかねている小柄な女生徒が、小さなインコのような声で、鉛筆で書いても大丈夫かとたずねてきた。「大丈夫だよ」わたしはそう答えて、さらに悪乗りをして「クレヨンとか、マスカラブラシだと、だめだけどね」と付け足した。

誰も笑わなかった。

「これも成績に入るんですか?」その女生徒がまたたずねてきた。彼女にとっては、間違えることが許されない問題に関する質問だ。

「もちろん」わたしはそう答えたが、実際に生徒が提出したものを評価するということがどういうことかは、まだ考えたことがなかった。ほんとうなら考えていなければならないのに、考えていなかった。ただ漠然と、サマースクールが終了する頃には一人一人の生徒の成績表に成績のようなものをつけることになるのだろうなと思っていただけだ。だが、これから自分が生徒たちに出していく課題のどれを評価するというのか？　そういうことも考えていなかった。評価の基準や方針もだ。

たとえば、どういうところに着目して採点するのか？　そもそも、15歳の子どもの作文のいい悪いなんて、誰にわかるのか？　C＋とB－の評価の違いはどこなのか？　頑張ってもうまくいかない子はどう評価するのか？　能力はあるけど言うことを聞かない子と能力はなくてもまじめに努力する子には違う評価を与えるのか？　いったいどうして成績なんかをつけるのか？　まあ、わたしにとっては、そういうことはおおい何とかしていけばいいことだった。

一方、生徒たちはいきなり時間を切られた。45分では足りないかな、と思ったのだが。ほんとうにちゃんと自分の意見を書くには、1時間は必要だろう。カリカリとペンを走らせて理由だの思いついたことだのを書いていく生徒たちのまわりをもったいつけて歩きながら、自分の意見を書き、行き詰まりを打開し、修正して、磨きをかけて、書き直している生徒たちの内面を想像した。ときには立ち止まり、肩をたたいて、そっとアドバイスをし、温かく励ましてやろうかとも思った。

終わったら、どうしよう？　まあまあ、それを考えるにはまだ45分ある。

それが、8分、いや、7分で終わった。全員だ。

目をぱちくりさせる思いで、作文を集めた。こっちは殴り書きで3文か4文、そっちは1枚の半分だけ。そして、全員がこちらを見ている。できましたよ、先生、次はどうするの？――と言いたげに。一方、こちらは脱兎のごとくに頭の中を駆け巡って答えを探していた。物事には、いつでもプランBがある。プランCも。

そして、それらの前には、もちろん、大歓迎の、予想にたがわぬプランAがある。思いどおりのプランA……常識的で……いい気分でいられれ……時間をぎりぎりまで使う。この場合もそうだった。いいか、これをぴょんぴょんと飛び移っていく飛び石の一つになどするつもりはなかったのだぞ。正当な理由はいろいろある。たとえば、きみたちはこの授業の乗組員であって、お客さんではない。そのセリフが気に入った。わたしの考えにしっくりきた。乗組員なのだ、客ではない。

だけど、それはともかく、これからどうするの？　まだせいぜい17分ほどしかたっていなかった。わたしは集めた紙をとんとそろえ、教壇の上に置いて、その上に重し代わりにホチキスを載せた。

まあいい、じゃあ……そうだな……話でもしようか？　お。パーフェクトだ。話。それでは、こういう流れになったから、当事者意識でも身につけてもらうとするか。この考えは、その表現もあって、ずいぶん前に進んだような気分にさせてくれた。

教育哲学者のジョン・デューイの言葉だ。いや、このときのわたしはそう思っていた。当事者意識。脱兎のごとくに駆け巡って探っていた頭の中のメモ帳にもそう書き込んだ。それに、彼らが乗組員だということも。つまり、当事者だ。それについては一席ぶつことができた。だから、もう一度席に座り、今度は背筋を伸ばして、また、そろそろ本題に入ろうじゃないかの笑みを浮かべ、さあ、と一つ机の表面をたたいて、何を書いたかを言ってもらおうかと言った。ここではもうテレビの司会者のような合いの手はいらない。待って、話を聞くだけだ。うまくそれを引き出せる流れにできたものだ。引っ張り出して、つついて、質問をして、考えさせる。少しずつ距離が縮んでいる。共同作業、船長と乗組員だ。「さて」わたしは言った。「誰から行く？」

視線がこちらへ向く。

クイッ、クイッ、とスプリンクラーが回っている。わたしは男子生徒を当てた。

16単語が精一杯だ。

おそらく、見ていても無言の時間が経過していくだけだろう。彼もこちらを見ていた。わたしは次の生徒を当てた。

そちらも12単語ほど。

「ほかには？」わたしは次の生徒を当てた。このときには、わたしの声も少し甲高くなっていただろう。「きみは何て書いたんだ?」

5単語。(すなわち、「アイ・ドント・ノウ……ノット・マッチ(よくわかりません)」)

生徒たちの目がこちらを見た。わたしも彼らを見た。口はつぐみ、悔しさをこらえ、怒りをかみ殺していた。

彼らのほうは椅子の上でもじもじしていた。互いに目が合うと、バツが悪そうに含み笑いをしている。また含み笑い。その含み笑いを見てまた含み笑いが漏れ、またそれを見て含み笑いが漏れている。

もういい。ということは、このだいじな「話」で57秒ほどは稼げたわけだ。当事者意識は差し迫ったものであれ何であれ、どこにも見られなかった。どの乗組員も、一散に甲板に駆けつけることはなかった。帆が掲げられることもなかった。ソクラテスの弁証法——大学時代の記憶にぼんやりと残っていて、断片的にしか理解していなかったが——が展開されることもなかった。新しい発想が生まれることもなかった。ぱっと見開かれる目もなかった。さっと勢いよく上がる手もなかった。誰かの見方を共有したり問いただしたりすることもなかった。悪戦苦闘しているマリヒニ・クム(新参者の先生)に「アロハ」の声もなかった。あったのは、含み笑いと孤立だけだ。

けっこう。このマカルー先生の鋼のような落ち着きは、まだびくともしていなかった。

わたしは姿勢を崩して脚を組み、もう堅苦しいのは抜き、のポーズをとった。そして、静まるのを待って（このボディランゲージのことも頭の中のメモ帳にメモしながら）今度は、最近読んで気に入ったものはあるかな、とたずねた。気分を入れ替えて、もっとフランクに行こう、の意思表示だ。わたしは教師だった……いや、そのはずだった……が、本を読むのが好きで、温かく、人を思いやれる人間でもあった。昔の映画女優のデボラ・カーのように歌をうたって踊れたら、たぶん、そういうこともやっていただろうし。

だが、また黙って見ているだけ。リケッツとスタインベックなら、これはこの生物の特別な才能だよ、と見なしていただろう。と思うと、またひとしきりピーチクパーチク。まぎれもなく、ばかじゃないの、の響きが交じっている。先ほどの小柄な女生徒が甲高い声で言った。「それはさっき話しませんでしたか？」

しまった。「そうだな。君の言うとおりだ。話したな」

すべてはわたしの責任だった。

わたしたちはどうしていいかわからなくなっていた。わたしがどうしていいかわからなくなっていたのは、わたしの備えが甘かったからであり、わたしの備えが甘かったのは、自分のことを過大評価していたからだった。人に何かを教えるというのは簡単なことではなかった。頭の中の次のメモは、ページを改めて、いちばん上から、ちゃんと自分のやることは予習してからやること、と書いた。アンダーラインも二重に引いた。何かを引き受けたら、人は、こちらはそれでお金をもらっているのだからと、こちらのことをあてにする。だから、自分のやることはちゃんと事前に予習してからやったほうがいい。少なくとも、だいたいの感じくらいはつかんでおくことだ。責任があるということを重く受け止めて、いい仕事をしようとしないと。「備えは怠りなく」を教師のモットーにしよう。

さてさて、まだわたしたちには1時間半以上の時間が残されていた。18人の生徒たちとわたし。

それなのに、はっきりとわかったが、空気は急速に悪化の一途をたどっていた。出足でつまずいていた。ところどころには、拒否するような空気も漂っていた。だからといって、誰が彼らを責められるだろう？　数多くの教師たち、生徒たちが刻んできた140年のオールドスクールホールの歴史にもにらまれていた。ジョン・デューイやソクラテスにも。わたしには打つ手がなかった。そして、窓の外では、クイッ、クイッ。

さあ、デビッド……どうする?

クイッ、クイッ。

もうあっさりクビかな。あるいは……自分から出ていったほうがいいかもしれない。ここを出て、そのまま空港まで。

クイッ、クイッ。

そのとき……お、あれは。運命か。救いの神がいた。未熟で能力もないのに、厚かましくも、準備もせずに初授業の教室に入ってくる教師の守護聖人。デューイの亡霊か。オールドスクールホールの救いの妖精か。カウアイ島に住んでいて、夜の間にこっそりと現れて家でも何でもささっと作っていったという伝説の小人族「メネフネ」が間違って潜り込んできたのか。これが神のお導きでなくて何だろう。何か、状況が一変することが起きていた。目の前でこちらを見つめる生徒たちの向こう、正面の壁に作り込まれた書棚があり、そこに本が並んでいた。本だ!

わたしの目は水を得た魚のようにその本の列を一気になめまわし、まだ捨てられずに残っていた、ぼろぼろになった古い掲示板の山の下に隠れるように並んでいた本のところで止まった。見覚えのあるペーパーバックが30冊はあっただろうか。どれもとうから読まれていないようではあった。まるでスイッチが入ったように、わたしの頭も急にバチバチと働きだした。あの本は知ってるぞ！　前にどこかで見たことがある。

ガタンと椅子を引いて立ち上がり、その書棚のほうへ向かうと、生徒たちの目もあとを追ってきた。

ほら見ろ、やっぱり！　そうだよ！　何を隠そう、14年前、ここから5000マイル離れたマーサズヴィニヤード・リージョナルハイスクールの1年生のときに、ハー先生の授業で使ったショートストーリー選集だった。まさにそれと同じ本だ。

ありがたやありがたや。万歳、万歳、バンザーイ。

19冊、書棚からかぞえながら取り出して、投げ込まれた救命浮き輪につかまるように、それをしっかりとわきに抱え、また車座になっている生徒たちの背後を回って席に戻ると、ぽんぽんとそれを投げるようにして彼らに渡していった。もちろん、これもすべて最初から予定していたことのように。これまでぎくしゃくしていたが、それはすべて単なる前置きに過ぎなかったように。でまた、あとで振り返ると、それはその通りだったのだが。わたしが最後に口にする言葉はあと一つだけだった。「さあ、開いて……」わたしはきっぱりと、胸を張り、司令官のようにそう言うと、目次のページを開いて、そこに印刷されている文字を追っていった。

するとと、ある作品の名前で目が止まった。その作品の内容はほとんど記憶に残っていなかったが、男たちが小さなボートでどうしたこうしたということを書いていたのは何となく覚えていた……スティーブン・クレイン著[訳注6]『オープン・ボート』だ。

それから、わたしたちはリーディングを始めた。そして、わたしの教師生活も始まった。わたしたちはクラスになったのだ。

世の不条理に出会う物語

あの日の朝から、わたしは少しずつ自分の予見能力を磨き、教師らしい知識や自信も少しは膨らませながら、この26年の間に数千人の生徒たちと『オープン・ボート』のことを語り合ってきて、これからもまだまだ教師として進化していこうとしている。この話には、いつまでたっても新しい発見がある。新しいひらめきであり、それを生徒たちと分かち合うのはいつもとても楽しい。それに、言っておくが、生徒たちのためにもなる。この最初の授業のときのことは、いつまでも忘れない。あのとき気づいて、以後忘れることのないことだが、新しい発見には、家族のような存在があると思う。必要が学習の母だ。父は好奇心だと思う。

あの日の午後、プナホウの図書館で調べてわかったことだが、そもそもこの話の背景には、こういう事実があった。1897年1月2日の早朝、フロリダの東海岸沖で一隻の船が沈んだ。数日前にジャクソンビルを出港した船で、キューバへ向かっていた。このコモドール号が二度座礁を起こし、そのつど船体を傷《いた》めた。船長はそれを押して目的地に向かおうとしたが、過重な負担のかかった船のポンプがついてこられなくなった。そして、すべてが言うことを聞かなくなった。辛くも救命ボートに乗り移った人たちの中に『赤い武功章』という作品で世に出たばかりの若い小説家、スティーブン・クレインもいた。通信社からの依頼で、キューバで起こった暴動を取材しに行こうとしていたのだ。

2日間、クレインとほかの3人——船長とコックと機関士——は長さ10フィートの救命ボートで漂流した。食料も水も尽き、自然の力にもてあそばれ、波をかぶり、生きていけるかどうかも怪しくなってきた。なかでは最も体力のあったクレインと機関士が水のかい出しと漕ぐのを担当した。そして、ようやくデイトナの近くのどこかの海岸に近づいたところで、ボートは大波をかぶって転覆し、機関士の男は水深数フィートの海でおぼれる。この話はそのときの経験をもとにして書かれたものだった。単純に一つの冒険小説として読んでも十分に通用するし、文学をさまざまなジャンルに分けることに興味があるなら、初期モダニストの作品として読んでもいいが、『オープン・ボート』は人間の命のありようを鮮やかに浮き彫りにする一つの寓話だ。救命ボートが地球だ。恐ろしいが、分け隔てのない海は宇宙だ。そして、名もない男たちはきみたちであり、わたしでもある。彼らの生き残れるチャンスは用心深さ、辛抱強さ、互いを思いやる気持ち、それに団結心に左右される。それでも、何とも不公平、いや、人間の視点から見ると不公平に思えることに、一人だけが死亡する。

この試練をくぐり抜けることができたクレインはこう書いている。

この悲惨な夜に、ひどく不公平なことだが、一人の男が実は自分をおぼれさせるのが七つの海の怒れる神たちの意図だったのかと観念していったと言ってもいいかもしれない。確かに、懸命に頑張ってきた男をおぼれさせるというのは不公平なことだった。あの男はそれをこの上なく自然にそむく罪だと思ったことだろう。ほかの男たちも調理室に倒れた帆がなだれ込んできたときには海でおぼれていたのに、それなのに——。

男の頭に、自然はわたしを不要と見なしているのか、わたしを見捨てることでこの世の調和を崩すまいとしているのかという思いがよぎると、彼はとっさに神殿にレンガを投げつけたい思いにかられ、レンガがないこと、神殿がない事実を深く恨んだことだろう。

特権に恵まれ、甘やかされ、ともすると溺愛されて育っている現代のティーンエイジャーにとって、『オープン・ボート』の世界はショッキングなものとなる。いつも口では「現実は厳しい」と言っていながら、ファッショナブルに整えたその表情が意図せずゆがむところに、彼らのその現実認識に限界があったことがのぞく。現実には良識などない、だから意図を持つはずもない、とわたしは指摘する。**現実は単純に現実だ。それを厳しいと思うのは、現実に対する不合理な期待があるからだ、と。**

わたしはたずねる。クレインは何千年もの間に溺れ死んだ人たち全員にどういうところがあったと言っているのだろう？　みな死にたかったのか？　死んで当然の人たちだったのか？　どこか人間として落ち度があったのか？　正当なものか不当なものかは別にして、何かわけがあって海に嫌われたのか？　知らないうちに何か罪を犯していたから、怒った七つの海の神がこの人たちをやっつけようとしたのか？　海難事故は起こる。列車事故も起こる。自動車の衝突事故や飛行機の墜落事故も起こる。人は死ぬ。もうわかるよな。白血病、筋ジストロフィー、ＡＩＤＳ、何でもいいけど、そういう病気の子どもはそれに値するからそうなっているのか？　地震、竜巻、森林火災、地滑り、干ばつ、貧困、迫害、暴力、搾取、虐待、何でもいいけど……そういうものに遭う人たちはひどい仕打ちを受けても仕方のない、どこか悪い人たちなのか？　どこに生まれて、どういう環境で育つかという、本人ではどうすることもできないことまで、この宇宙の法則では関連付けられてしまうのか？

苦難や災害は襲ってくる。そして、そういうものに見舞われるといつでもつい「何で自分が？」と思ってしまう。まあ、何であなたではないのか、ということだな。あなたのどこがそんなに重要なのか？　ほかの人たちはこういう試練に遭っているのに、どうしてあなたは遭わないのか？　この疑問については、カート・ヴォネガット［訳注7］の『スローターハウス５』の中で、ドイツ人警備兵が捕まえたアメリカ人の「何で俺なんだ？」の問いかけに対して「何で誰でもなのか（ということを知りたいのか）？」と、印象的なセリフに言い直して問い返している。公平、正義、そういうものは人間社会の中でしか働かない。だから、わたしたちはそれが働いていると思いたがるのだ。

わたしたちはみな、同じオープン・ボートの中あるいはこの地球上でどんなにいい人でも、また、どんなにいい人と思われていようと、そんなことには関係なく、行く手を阻むものに弱いことをクレインは思い出させてくれている。だから、この話に出てくる人たちは、わたしたちの誰もがそうするように、無私や相互尊重の精神、仲間を大切にし、共通の利益のために力を合わせ、頑張ろうとする――とりわけ、かい出し、漕ぐ役目の人たちは。これは何より心温まる心の動きだ。

自分の能力の限界まで他者のために役に立とうとする考え方は、成績のため、レギュラーを取るため、芝居の役をもらうため、南カリフォルニア大学に合格するため、あるいは単に人の注目を集めるために、ひそかにまわりの生徒たちをライバル視している現代のハイスクールの生徒たちにとっては重要である。「説明するのは難しい」クレインはそう書いている。「この海の上で、何となく男同士の仲間意識が生まれていた。誰もそうだったとは言わなかった。誰もそれには触れなかった。だが、それがボートの中に充満し、誰もがそれに励まされていた」

こうした事実はハイスクールの生徒たちの目の前に天啓のように開けてきて、彼らが生きてきた世界の核心に触れてくるものだから、彼らは衝撃を受け、以後何年間も自問し、作家クレインの言葉を考えようとする。彼が作品の中で描き出した現実は、彼らを自分が育った社会によって仕向けられてきた自己中心的な生き方の重みから解放する。彼らはいつもスポットライトを浴びてきた。尽きることのない注目の対象だった。溺愛され、学校では、背中をつつかれ、評価され、期待され、その先では、孤立感や息苦しさや誤解が待ち受けていることもあった。

このような仲間意識は彼らの共同体意識や帰属意識に影響するだけでなく、同時に、もしかすると少し皮肉なことでもあるかもしれないが、ほとんどのティーンエイジャーの中に眠る反抗的な本能も呼び覚ます。当然、反抗的であってしかるべきなのに、彼らは、あなたは違うのよと言われて、そうではないと思い込まされてきた。あなたは特別なのよ、と。栄光を勝ち取って、享受できる限りの権利、特権、報酬をすべて享受するのよ、と。わたしたちがここで一緒にのぞいたクレインの考え方は彼らのものになる。それはハイスクールというミュージカルの中でうたわれる明るさいっぱいの、お仕着せの歌詞にはとどまらず、**自分の頭の中でたどり着いた、だから、生きていく力を与えてくれる真実**なのだ。

それに、救いもある。いつまでも大勢の中に交じって、もしかするとその時点では自分の能力を超えたところまで大きく膨らまされているかもしれない理想を追求しつづけなくてもよくなる。**彼らは純粋に、ただ自分自身でありさえすればよいのだ。**その自分は、世間的にはそれほどのものではないかもしれないが、競争に打ち勝って成功を積み重ねるという道とは異なるところで、大きく、大きく生きてくる。彼らにも、普通であることが忌むべきことでも、恥ずかしいことでもないことがわかってくる。自分もこの世の最大の関連団体、人類の一員であることがわかってくる。

自分の身のまわりで起こるさまざまなことを学び、生命や自分自身に関するより大きな真実も目にするうちに、抽象的に言えば教育の可能性、具体的に言えば授業を受けることの真価を、次第に肌で感じるようになる。それに、本を読むことの意味も、教師のいる意味も。そして、明くる日になると、昨日よりまた少し大きくなった器を秘めて教室に戻ってくる。

それが遠い昔のあの朝に、あのオールドスクールホールで起こったこと、いや、始まったことだった。

一本のマストのもとで

ハイスクールの教室は大変な結束力を発揮する。考えられる限りあらゆるタイプの生徒が入ってきて、また別の、20人前後の考えられる限りあらゆるタイプの生徒と机を並べる。すると、彼らの間で潜在的な多様性が活発に、果てしなく相互作用を始め、その時間と場所と目的と経験が彼らを一つにまとめていく。教師も含めてだが。彼らには、自分たちの共通点とそれがどういうものかが見えてくる。一人一人の違いとそれがどういうものかも見えてくる。

これまでにわたしが教室をともにしてきたすべての生徒、見どころがあり、いいものを持った何千人という彼らのことを思い返しても、頭がくらくらしてくるほどだ。また、教室には、少なくとも理想では、バランスをとるところ、平等性もあり、さまざまな理念を伝えるのに教室ほど適したところはどこにもない。**生徒たちは、教師と協力して――いや、対立してでもよいが――『白鯨』のピークォド号のように、だが、もっと大きな展望を持って、一本のマストのもとで一つにまとまれるのだ。**

わたしもこうして数十年、六つも時間帯の離れたところで教師をしてきたので、この結束が時間や場所を超越して広がるものであることはわかっている。あの1986年のオールドスクールホールでのサマースクールの生徒たちのことは、いまでもウェルズリーハイの生徒たちと同じように気にかかっており、全員、一人の例外もなく、大切な存在だ。こうして来る日も来る日も、つるはしをかついでダイヤモンド鉱山に向かい、機嫌よく「えいこ〜ら！」とそれをふるっていると、ダイヤモンドに掘り当たることはもちろんだが、それ以上に、友を得ることの素晴らしさ、みんなで一緒に頑張ることの素晴らしさに掘り当たることは確実で、そこから人の結びつきという火花が四方に飛び散って生まれていく。男子生徒の間にも女子生徒の間にも生まれる仲間意識を一言で表現するのは難しい。誰もわざわざそんなことを言おうとしないだろうし、いちいちそんなことに触れないかもしれない。だが、そこにそれがあるのは確かであり、生徒たちも教師もそこに温かいものを感じている。

＊1　わたしの見るところでは、どのグループでも「かっこいい」子は少ない。だが、わきのほうにいる小集団の中でも、次第にかっこいい子が目立ってきて、一目置かれるようになる。「かっこいい」と「人気がある」では、確かにニュアンスに違いがあるが、どちらにも同じような原理が働いている。ただ、お高くとまったかっこいい子は地べたから離れている分だけ影響力は弱くなる。「人気がある」というのも、好かれているというのとは違う。現に、人気がある子は、その人気のわりには好かれていない可能性があるし、好かれていないことが多い。もちろん、それではわけがわからなくなるのだが、ほら、お忘れなく、これはあくまでハイスクールの生徒たちの間での話だ。

＊2　スピードガンで150kmを超えるような課外活動は別。この場合は、大学入学にさらに大きくものを言ってくる。

訳注1　ジョン・スタインベック　1902〜1968年。アメリカの小説家・劇作家。カリフォルニア州生まれ。代表作に『エデンの東』『怒りの葡萄』『二十日鼠と人間』などがある。

訳注2　エド・リケッツ　1897〜1948年。アメリカの海洋生物学者。カリフォルニア州モントレーに海洋生物学の研究所を設立した。スタインベックの小説『キャナリー・ロウ』に登場する「ドク」のモデル。

訳注3　マーガレット・ミード　1901〜1978年。アメリカ、ペンシルベニア州フィラデルフィア生まれの文化人類学者。コロンビア大学でルース・ベネディクトに師事、彼女とともに20世紀のアメリカを代表する文化人類学者とされる。代表作『サモアの思春期』

訳注4　トーマス・マクギュエイン　1939年、アメリカ、ミジガン州生まれの作家・脚本家。脚本を執筆した映画に『ミズーリ・ブレイク』がある。

訳注5　『明日に向かって撃て！』　1969年のアメリカ映画。19世紀末の実在の強盗、ブッチ・キャシディとサンダンス・キッドの物語。キャシディをポール・ニューマンが、キッドをロバート・レッドフォードが演じた。

訳注6　スティーブン・クレイン　1871〜1900年。アメリカの小説家・ジャーナリスト。代表作に南北戦争をテーマとした長編小説『赤い武功章』、短編『オープン・ボート』がある。

訳注7　カート・ヴォネガット　1922〜2007年。アメリカの作家。インディアナ州インディアナポリス生まれ。代表作『プレイヤー・ピアノ』『スローターハウス5』『チャンピオンたちの朝食』など。

第8章

だから、生きるんだ

誰も死から逃れられないからこそ

人は耐えるしかない
あの世へ行くときも、この世に生まれるときも、
何事も機が熟すまで。

——ウィリアム・シェイクスピア著『リア王』

新生児室をのぞき込みながら……

ジャニスは3人目を出産するときも、最初の2人のときと同様、勇敢に、美しく、堂々と闘った。だが、出てきた彼は肺が詰まっていて、着地して4秒とたたないうちに、無言で、まなじりを決した特殊部隊が突入してきて、彼を取り上げ、処置にかかった。ジャニスは消耗しきっていて、ほとんど何もわかっていなかった。わたしには、わかっていた。だが、またたく間に、すぐにこれ、急いであれ、の甲斐あって、すべてが正常化した。小さな男の子は不満をあらわにして、皮膚を深紅に染めて泣きわめいていた。わたしはほっと凪いだ気持ちになり、喜びをかみしめ、医師と看護師の特殊部隊は自分たちのものをまとめて立ち去った。

だが、その15秒か20秒で、もうたくさんだった。わたしは心の中で小さな胸郭の空洞に向けて手榴弾を投げつけかけるところまで行っていた。3人目の父親になったという高揚感が湧いてくるには、数分がかかった。それから、キス、すごいね、やったあ、おめでとうの言葉がかかり、電話が鳴ったが……すべてはその最初の15秒か20秒のおかげでほんの少したためらいがちなものになった。

しばらく寄り添う時間を認められたあと、型通りに看護師がやってきて赤ん坊を新生児室に移し、小児科医が様子を見られるようにした。わたしは説明を受け、質問をした。穏やかに、やさしく、彼女はその質問に答えられるところまで答えた。そして、わたしの腕をぽんぽんとたたき、いつでもガラス越しに様子を見られますから、と言った。カピオラニ医療センター、プナホウの近くの大きな産婦人科病院で、毎日、何十人もの新生児たちが産声を上げているところだった。

時刻は深夜の0時に近かった。新生児室の中は明るく照らされていて、立見席オンリーだったが、すぐ近くからわが子の様子を見ることができた。ステンレスの架台の上に載った透明なプラスチックケースが縦横に整然と並び、コットンの毛布にくるまれ、小さなニットの帽子をかぶらされた小さな顔が18人かそこら並んでいた。わたしは小児科医がイーサン（寄り添う時間を認められている間に、強く、たくましく、健やかに育つようにと願って、わたしたちはそう命名していた）の毛布を持ち上げ、診察を始めるところを見ていた。彼女はいかにも医師らしいそぶりであちこちに目を配り、手際よく診察していった。彼女と看護師には、少しもあわてた様子はなかった。

心配そうなところも。看護師が何か言葉をかけ、医師はにっこりと笑った。今度は医師が何か言い、看護師もにっこりと笑ってうなずいた。

あれが何だったにせよ、わたしの喉を締めつけていたものが少しずつやわらぎだした。息をするのも楽になり、一つ一つの息が深くなってきた。そして、その息が吐き出されるたびに、わたしの鼻の下で新生児室の窓ガラスに三角形の曇りを作っていた。いや、まさに祈りが通じたのだ、と思った。あそこにいるのはわが子、イーサン・マカルーだ。この子の人生がいま始まったのだ。いろいろあったけど……素晴らしい人生の始まりじゃないか、と。

「何か不思議な気がするよな」そう言う声が聞こえた。

ちらりとそちらを見ると、新生児室の窓の端にアロハシャツの男が立っていた。もう一人の新しい父親だろう、たぶん。わたしはそれまでそこに人がいることに気づいていなかった。だが、その口ぶりは、まるで一緒に野球の試合を見に行って、並んでピーナッツをぽりぽりとやっている仲間に語りかけるようなものだった。わたしはどういうわけか近づいていきたい衝動にかられ、握手をした。

「この子どもたちに俺たちが唯一、確実に言ってやれることは、おまえたちもいつかは死ぬということなんだよな。みんな、全員」

一瞬、わたしは聞き間違いをしたかと思った。だが、確かに彼は言っていた。死ぬ、と。この男は「死ぬ」と言ったのだ。胸の中に荒々しいものがこみ上げてきて、犬のように歯をむき出しそうになり、正直なところ、あまりほめられたことではないが、思い切りこぶしを握り締めて、その男に一発見舞ってやりたい衝動にかられた。わたしの体に流れるケルトの血のせいだ。死ぬ？　どこのバカがそんな言葉を口にするだろう？　だけど、わたしは歯をくいしばり、敵意をにじませる……あ、いや、まあむき出しにするだけで、こう言った。「何だって？」

男は肩をすくめてあいまいに謝罪の気持ちを表し、俺がバカだったよと言うように口元を緩めた。「口がすべったよ」彼は友好的な笑いを交えてごまかそうとした。

二人の新しい父親は、人間のやさしさというミルクをなみなみとつぎ足して許し合うことにした。だから、わたしもこぶしをホルスターに納め、社交辞令で、誰だって長く、存分に生きたあとで死というもののお迎えを受けるのはあたりまえのことだろうと言った。

「そりゃそうだよ」男はあわてて同意した。「そりゃそうだよ。まったくだ。言うまでもないことだった」

医師が生まれて半時間のわが子の胸に聴診器を当てていた。看護師はクリップボードをかかえ、医師の言ったことを書き留めていた。医師が何か言うと、看護師はにこっと笑ってうなずいた。

「で」男が言った。「男の子かい、女の子かい？」

「男だよ」すでにジャニスのもとへ戻ろうとして歩きだしていたわたしは肩越しにそう答えた。

誰もが必ず迎える「死」

とはいえ、もちろん、イーサンもいつかは死ぬ。（それがどんなに抗いようのない事実だとしても、こう書くのは何と勇気のいることか。）そして、わたしも死ぬ。（こちらはもっと気楽だ。）それはあの医師や看護師にしても、あの部屋にいたほかの赤ん坊にしても、ジャニスにしても、あの男にしても、みな同じだ。そして、きみたちにも言えることだ。

まさに「言うまでもないこと」、誰にもわかっていること、だけどみな、そうなるまいとして懸命に努力していることだ。

これは人間に与えられた大いなる苦しみだ。

わたしたちは何もかもが――大小すべての生物も、この青く、美しい地球全体も、月も、星も、その向こうに何があろうと、そのあとに何が生まれようと、それらもすべて――いずれは終わりを迎えることを知っている唯一の存在だ。ウォルト・ホイットマン〔訳注1〕が書いているブルックリン行きフェリーに乗っても、それがじきに……思ったよりも早く……目的地に着いて、降りなければならなくなることは十分にわかっている。たったいま、わが家の窓の外の木の間を走り回っているリスには、死が待ち構えていることはわかっていない。命を奪う微生物がいることも、どこかでグッドイヤーのタイヤにひかれる可能性があることも、タカに鋭い爪でつまみあげられる可能性があることもわかっていない。

だが、私たち人間は生まれてきて、生きているのはいいものだと思い、ベッドから飛び起き、鼻歌でもうたいながら、熱いシャワーを浴びて、タオルを肩にかけ、冷たいクラン・アップルジュースを飲んで、温かいブルーベリーマフィンを食べて、これから待ち受ける明るい日差しに満ちた一日に胸を躍らせながら……その一方では、今日もいつもと同じように、残り少なくなっていく限りある時間の中の一日であること、一日一日と、自分が生きられる日数が少なくなっていること、いつかはその残り日数がゼロになり、もう二度と朝日を見ることもなくなることを知っている。この冷徹な現実を何とかするためには、そんなことは考えないほうがいい。言うまでもないことは言わないこと。考えるのもやめてしまうことだ。

それでも、何の問題もない。考えようと、考えまいと、死はおかまいなしにやってくる。先にその手が肩にかかるのがきみになるのかわたしになるのか、そんなことはわからない。あわてないのだ、死というのは。

「そのときがいまだとしたら」ハムレットは沈痛そのものの表情で説明する。「それがこの先で訪れることはない。この先で訪れないとしたら、それはいまだということになる。いまではないとしたら、これからなのだ」英雄であれ、臆病者であれ、それは分け隔てなく訪れる。ストイックに生きても、くよくよしても、修行をしても、浪費をしても、やさしく生きても、残酷に生きても、厚かましく生きても、賢く生きても、大盤振る舞いをしても、勇敢に生きても、独創性を発揮しても、美しく生きても、ずるく生きても、愛をふりまいても、いずれは訪れる。誰にもだ。たとえば、トーマス・グレイ[訳注2]の『田舎の墓地で詠んだ挽歌』にも、こういう一節がある。

いかに紋章をかかげようと、いかに権勢をふるおうと、
そして、どれだけ美しく、どれだけ富を手に入れようと、
待っているのはみな不可避の時間。
栄光の道も所詮は墓場へと続く。

すべての道が同じ場所に通じるというのは無難な言い方だ。

だから、人間の喉には不安のかたまりがつかえている。従うしかない現実への不安だ。無意識のうちに、わたしたちはその現実をやわらげる言葉を使い、少しは楽に息ができるように気道を広げ、認識をぼかそうとする。催眠術にかけるようなものだ。たとえば、先にわたしは死を擬人化し、どこかで誰かの意図が働いているかのような書き方をした。どこかで支配原理が働いているような書き方であり、それでいくと、自分では望まなくても、わたしの死は何かより大きな構図にかなっているということになり、受け入れるのが少しは容易になる。わたしではなく、どこかの誰か、もっと超越した視点の持ち主から見ると、わたしの死はいかにも当然のことに見える。

ただし、もう一つ、「死」と言うと、名詞になる。これは、存在論の立場から言うとおかしい。死は人でもなければ場所や物でもないし、そういうものではありえな

い。死は存在の状態ではない。というか、存在しないこと、非存在だ。全否定であり、さらに言えば、「それ」と言うのもおかしい。シェイクスピアが言うように、むなしい騒ぎをシャッフルしても何も残らない。虚空だ。

だから、わたしたちは死を経験することはないし、経験することもできない。そこには、経験できるものは何もなく、人生がどんなに幸せで満たされたものであったとしても、そのぬくぬくとした思い出がよみがえってくることもない。死は無だ。最後に訪れ、いつまでも続く究極の非名詞だ。動詞がいいなら、「死んでいく」のような使い方をしてもいいかもしれないが、その場合にも、時制が現在から過去へほとんど息もつげぬうちに変化し、戻ることもない。人は去るのではない。消えるのだ。

そして、わたしたちの願いよりも早く、それはきみにも、わたしにも、木の中のリスにも、木にも、その表面にこびりついたコケにも、木の下を這う虫にも、木の上を飛ぶ鋭い爪を持ったタカにも起こり、別のコケむした木も、いずれは死滅し、いまは鋭い爪を持ったタカが運んでくるランチを待っているひなたちも死んでいく。

こうしたことは、わたしたちには理不尽なこと、場合によっては残酷なことに思えても、取るに足りない当然のことであり、そこに残酷さを感じるのはわたしたちが命の永続性を、本来、畏怖の念や感謝の気持ちを持って受け止めるべき科学的現象以外の何ものかだと思い込んでいることになる。

それで何かが変わるわけではない――いや、もしかすると変わらないからかもしれないが――人類が洞窟の壁を絵で飾るより前の遠い昔から、わたしよりはるかに優れた頭脳の持ち主たちがこうした現実に意味を見出そうとしてきた。だが、どうしても、**宗教も、芸術も、哲学も、すべて最後にはここに戻ってしまう。わたしたちは死ぬのだ、というところへ。**

たとえば、詩人のフィリップ・ラーキン[訳注3]は、その静かに胸を凍らせる『夜明けの歌』の中で「永遠というまったくの空虚」と向き合っている。彼の重苦しい苦悩は次第に麻痺していく。「休むことを知らない死がまたまる一日近づいた／だから何も考えることができないのだが、果たして／わたし自身はいつ、どこで、どう死ねばいいのか」１９８５年、この詩を書いてから8年後に、ラーキンは冷たい必然性に屈した。彼が生まれてから62年後のことだった。

その間に彼が過ごした時間は主に、はたから見る限り、彼が職場とした図書館の中や、詩作を行ったデスクの前で、さまざまな想念に囲まれて過ぎていったが、結局、ほかの道は見つからなかった。友達はおり、少しは恋愛もした。彼とその詩は、アメリカと彼が人生を過ごしたイギリスで高く評価され、人気を博した。その注目が、彼にはわずらわしかった。彼は静かな暮らしと友人、そして一人の思索を好んだ。彼は死を恐れていた。そして、ある日、がんに命を奪われた。

この話はこんなことを考えさせてくれる。あの世へ行く苦しみからも、死ぬことの肉体的、感情的、心理的、拷問のような責め苦からも目をそらすのはやめよう。徐々に弱っていき、ともするとそれが長く続き、恐ろしい苦痛が伴うことも多い。そして、いつかは終点にたどり着く。あとに残していく愛する家族や友人の苦しみもある。そういうことも、すべてこの中には含まれる。それに、事故ということもある。息つくひまもなく一瞬だ。災害もある。犯罪もある。

どれ一つとっても、いいことは一つもない。

それに、やはり、壊れていくことも考える。肉体は基本的元素に分解されていく。最後には、自分の影は微塵もなくなる。墓石だって腐食していく。遺産もすり減っていく。エジプトの遺跡を見ればいい。

また、年をとっていくことでバカにされたり、笑われたりするようになることも忘れてはならない。時計の針がカチカチと時間を刻み、心臓が鼓動を打つ結果、誰にもおのずと衰えが見えてくる。若くして亡くなることもあれば、人生の秋の季節になって衰えを感じ、痛みや苦痛に見舞われ、侮辱され、頑張ってもあきらめるしかなく、鈍化し、擦り切れ、風前の灯になっていく。若い頃の能力や力や柔軟性も、ふくよかさも、なめらかさも、しゃきっとしたところも、美しさも弾力も、エネルギーも、自信に満ちたところも、楽天的な姿勢も、余裕も、やさしさも、鮮明な視力も、つやつやしていた濃い髪も、弾むような息遣いも……すべてが自分で自覚するより前に衰え、消えていき、はかないものと思い知らされる。

徐々に、段階的に、不可逆的に衰えていくのは——たとえ若返りの泉の話があったり、美容整形手術の技術が進歩したりしたところで——どうしようもない。身近にいる老人を見て、自分は絶対にああはならないと頑張ったところで、忍び寄るものを食い止めることはできない。何と言っても、それまでは若く、起こる変化は上向きのものばかりで、より高く、より強くなり、より能力を蓄えてきたのだから。

それがやがてなだらかな高原の上まで達し、かと思うと、そのうち、少しずつ下降線をたどりだす。それがまた、えてして、やさしさの感じられないたどり方になる。唯一の救いは残されたものになるが、それも徐々に乏しくなっていく。いや、まだ記憶はある、寝ている間に見る夢もあるが、あるところまで来ると、それらも心地よいものであると同時に、自分の衰えをよけいに強く意識させるものになる。そして、記憶もぽろぽろと抜け落ちていく。夢はいつの間にか消えていく。あとに残るのはいつも、わびしい冬が容赦なく足音を立てて近づいてくるような感覚だけだ。

しかも、宇宙のようなものはどんなに定義を広げてもなかなかわたしたちの意識の中に入ってこないのに、このような感覚はどんなに小さなものでも入ってくる。だが、そもそも宇宙のようなものも、一人一人が、あるいは全員があると意識するから、あることになっている。つまり、わたしたちは自分たちの意識の範囲内で生活している。仮にこの意識を取り除いたら、どうだろう。自分のまわりを取り巻くものなどないと考えたら、どうなるだろう。最終的には、考えることもなくなり、あとは藻屑同然となる。


だから、わたしたちは生きていたいと思う。生きているといろいろと楽しいことがあり、この宇宙からほしいものを好きなだけかすめ取れるからだけではない。無ではないことを確認したいのだ。その気持ちがわたしたちを突き動かしている。「朝日の中でわたしたちは初めて目覚める」ウォールデン池の賢人もそう書いている。だから、わたしたちは——少なくとも理念の上では——起きて、そうしようとしている。

こういうことやその他、いろいろと反論のしようのない理由があって、死は大切なものなのだ。

そう、それは間違いない。

なぜなら、無は基準になる。あらゆるものは無との対比で存在する。**死は命を浮き彫りにしてくれるものだ。**人間の心も、自分も、意識も、勇気も、人を好きになる気持ちも、死はわたしたちがわたしたちを定義する対立概念となり、すべての生き物を浮き彫りにする背景幕になる。存在は死を背景に定義され、浮かび上がる。

この重要でシンプルな宇宙の弁証法はこうだ。あらゆるものがあり、無がある。つまり、死は死以外のあらゆる尊いものの生みの親だ。それが子どもたちの明るくはしゃぎ回る姿であり、美しい誕生の光景になる。ティーンエイジャーがいるのもそう、学校があるのもそう。愛や楽天的な生き方やエネルギーにしても同じことだ。行く手をふさぐ不気味な暗闇が命を生み、愛の衝動を生み、意味を持たせる。最後にはその死が勝ち、それを背景として現れたものをことごとくむなしくしてしまうが、美しさや雄々しさは残り、自己憐憫や絶望に陥る必要はない。

命は輝かしいものと断言してよい。音もなく降り積む12月の雪、恋する少女のキス、粉砂糖のかかったチョコレートケーキ、赤ん坊の髪のにおい、朝日を浴びたラニカイビーチ、ニューヨーク・フィルの『ラプソディ・イン・ブルー』[訳注4]の演奏、今日もいい仕事ができたという感覚、やさしさ、本、夕食のテーブルを囲んでの談笑、月明かり、ランナーを二塁に置いてのレフトへの鋭いライナー、はるか彼方の丘までまっすぐ続く道でアクセルを思い切り踏み込む感覚……あげていったらきりがない。それでも、わたしたちが自分の存在のはかなさを確かに認識していなければ、何にせよ、わたしたちにつかの間のそういうものを味わい、楽しむ能力がなければ、どれもむなしく過ぎてしまう。**命がはかないものだからこそ、その喜びは大きくなる。**

そこに、基本的な経済原理が入り込んでくる。需要と供給。希少なものほど価値が増す。仮に命が永遠に続くとしたら、来る日も来る日も際限なく、あちこちの観光地を訪れる人は増えつづけ、肘掛け椅子に座ったひいおじいちゃんの話もいつまでも尽きることなく続き、何より、人生の楽しみという楽しみがただの繰り返しになって色あせていくだろう。色あせる？　そう、色がくすんだり鈍ったりするくらいではすまない。人生は意味のないことの繰り返しになり、メトロノームのように右に振れては左に振れてするだけで、活気もなく、終わりのない拷問のように続いていき、誰も何も考えなくなる。そして、人生は命のある死のようなものになっていくだろう。

この点をもう少し考えてみよう。死を排除すると、同時に変化も排除することになるのだろうか？　人生の中で、成長し、進化し、向上する段階はどうなるのだろう？人生のピークというのは、たとえば30歳くらいになるのだろうか？　その場合、病気もなくなり、事故にも遭わなくなると考えてよいのだろうか？　戦争や殺人はもちろんなくさなければならないだろうが、自殺はどうなるのだろう？　いったんその状態に入ったら、もう抜け出せなくなるのだろうか？　そういう果てしのない変動のない状態の中で、わたしたちはどのようにして従来の成熟や老化のプロセスもなしに生殖をこなしていくのだろう。

それとも、従来のように、想定されたペースで生殖もし、年もとっていくけど、その先がどこまでもどこまでも続き、髪が白くなり、体も小さくなって弱くなり、つやを失ってもまださらに年をとり、しわだらけになって、縮んで干からびてきて、それでもまだまだ弱く、しなびて、もうろうとしてきて、ほとんど死体も同然になっても、ただ死んではいない、確かに生きていて、そこに横になっていて、まばたきをして、あえぎながら、髪にフケをため、入れ歯をして、言うことは言う、ということになっていくのだろうか？

それがいい状態と言えるだろうか？

そんな状態には、10秒といられない。どの角度から見ても、話にならない。オデュッセウスはそのチャンスを与えられたが、賢明にも、ありがたいがお断りする、と言った。彼が受け入れていたら、いまでもこの世にいて、どのような状態かはわからないが、きっと、あれは間違いだったよ、と言ったことだろう。

そう、死のほんとうの悲劇はわたしたちがそれを否定的にとらえているところにある。わたしたちは死を否定し、やわらげ、ごまかして逃げることによって、わたしたちが与えられたわずかばかりの有限の時間を最大限に生かす能力を、あるいはさらに、そうしようとする本能まで台無しにしている。表面的には、そうは見えないかもしれないし、実際には、いつもそうだとは言えないかもしれないが、**わたしたちが死に向かってふるえる最大のこぶしは充実した人生だ。**満ち足りて、幸せで、愛情にあふれ、実り豊かな人生。

生きていく時間はどの時間も美しく意味のあるものにすることができるし、そうしたほうがいい。ほんとうに生きていると言えるのは、伸び伸びと自由に生きている人だ。そういう生き方は、それ自体が何かを生み出し、死と対極に位置する。**生きているのはいつでもうれしいものであり、わたしたちには経験したことをうれしいと感じる能力が備わっているのだから、いつでもうれしいものにすることができる。**それができれば、わたしたちの勝ちだ。問題はそれにチャレンジするかどうかであり、そのためには、強さと豊かな心と想像力が求められる。ソーントン・ワイルダー[訳注5]の不朽の名作戯曲『わが町』の中で、すでに死んでいながら、まだ若い身で登場するエミリー・ウェブは、みんな人生を精一杯楽しむ気持ちがあるの、やさしい気持ちを持っているの、と悲しそうに叫ぶ。

ともすると、その答えはノーだ。そこにわたしたちの悲劇がある。

この戒めの言葉は――もうお忘れかもしれないが――この本を書く前（卒業式のスピーチ）までさかのぼり、いまや多くの若い人が強い思いを込めてタトゥーに入れているけど、構文的には問題のある「YOLO（You only live once.）」という言葉に通じる。「カルペ・ディエム（今日の花を摘め）」紀元前1世紀の詩人ホラティウスもそう言っているし、そういうことを言ったのは彼が最初ではないと言う人もいるだろう。「バラのつぼみは集められるうちに集めよ」１７００年後の詩人ヘリックもそう言っている。「こんなことは長く続かない、こんな酒とバラの日々は」さらにその2世紀半後には、詩人ダウソンもそう言っている。いずれも大昔の言葉だが、よく知られているわりには、言葉の力は失せていない。

直接、間接の違いはあれ、言っていることはみな同じだ。**さあ立ち上がれ、行って、取り掛かるんだ。喜びは自分から何かをしようとするところに生まれる。**人生は冒険、命ははかない、この瞬間を大切に、ということだ。「だから、生きて」詩人ブライアント[訳注6]は見事に簡潔にそう訴えている。「やってみな」ウィリアム・サロイヤン[訳注7]も言っている。「深く息するすべを覚えるんだ。食うときは真剣に味わい、眠るときは本気で眠る。力の限り、精一杯元気よく生きて、笑うときには思い切り笑うんだ」そして、ジョナサン・スウィフト[訳注8]もアイルランド人らしい度量の広さを見せて「君がその人生の一日一日を余すところなく生きんことを」と言っている。

引用はこれくらいにして、申し上げたかったことは伝わったことにしよう。いくら、このことでインクを費やしたところで、次から次へと新しい言葉が生まれているから、これが決定版と言えるものはない。きみたちにも自分の言葉を作っていただきたい。誰にも生が詩人の免許を与え、死がそれを取り消す。

忘れがたい教師

ミキ・バウアーズのことはよく知らなかった。彼とわたしは、はた目に友達だと思われるようなものにはならなかった。わたしはすぐに彼のことが好きになり、すごい人だと思ったが、どうやらプナホウでは全員がそうらしかった。全米でも有名な数学教師だったミキは、学校でも、ハワイでも、名物教師であり、まさにレジェンドだった。同時に、やさしい人で、ちょっとエキセントリックなところがあり、背が高くてたくましく、どこまでもエネルギーにあふれ、ワシのような顔立ちで、スポーツ刈りの頭は白く、何十年も熱帯の日差しにあぶられてきた皮膚はワニ革のようだった。

糊のきいた半袖のシャツに蝶ネクタイを締め——いつも蝶ネクタイなのだが——折り目正しい軍人の物腰を身に付けていた。1945年にスタンフォードを卒業したあと入隊し、ベトナムで砲兵大隊を指揮し、武勇により勲章ももらっていた。分厚い胸板の奥から湧き出すバリトンの声は大きく、自信に満ちていて、カフェテリアでも、職員会議でも、廊下でも、チャペルでも、その声は轟き渡っていた。そばにミキ・バウアーズがいると、すぐにわかったのだ。

それに、彼は幸せで……それはそれは、まわりに幸せが伝染するほど幸せだった。彼は家族を愛していた。プナホウのことも愛していた——彼自身も生徒として、アスリートとして、また、ミュージシャンとして、13年間をそこで過ごしていた。正真正銘の文武両道の優等生で、退職する頃には、在職40年を超える有能な教師兼コーチになっていた。彼はハワイを愛し、自分の国を愛していた。学園祭のプナホウカーニバルも愛していて、そこにお菓子のマラサダのブースを出して「マラサダマン」としても知られていた。ハワイアンをうたうのも好きで、少しでもけしかけられると、とめどなくうたい、彼流に言えば、まあ――噴火するがごとき『ハワイアン・カウボーイ』の演奏が時代を超えて響き渡ることになる。それに、しゃべるのも得意で、1960年代の初めにはラジオで『ミキと一緒にうたおう』という番組も持っていた――もっとも、そう、半径半マイル以内の人はラジオはいらないと思っていたそうだが。

毎朝、彼は夜が明ける前に起き出してアラモアナビーチまで行き、たっぷり長い距離を泳いでから、最初の生徒が登校してくるよりはるかに前から自分のデスクで準備をしていた。ミキは高等数学も初歩の算数もその中間の数学も好きだった。いつだったか、学校が設けた数学の授業をすべて担当したこともあった。そして、彼は子どもが大好きで、彼らのことを信じていた。彼にとって教師の仕事とは、抑えきれない熱い思いを伝えることにほかならなかった。そのために彼は広く敬愛されていたが、わたしにはときどき、ほんとうにこの人は敬愛されていることに気づいているのかな、と思えることもあった。

プナホウで働きだして一週間、二週間とたつうちに、キャンパスで彼と出くわすと、彼は笑顔で会釈しながら声をかけてくれた。わたしにとっては、それだけでも何か感じるものがあった。やがて、10月のある日、教職員のランチルームで彼がテーブルに一人でぽつんと座っているのを見つけた。わたしはすぐにそのテーブルに行き、一緒させてもらってもいいかとたずねた。吸収するチャンスだった。まあ言ってみれば、若くて熱心な新米教師が偉大な教師の前にひざまずいて話を聞かせてもらう図だ。目当ては彼が頭の中で考えていることだった。長期的な展望も少し、あと、営業秘密も一つか二つ。これからの拠りどころとするものだ。わたしは結局、100人を超える生徒を任せられ、結果を出さなければならない立場に置かれており、その結果については、まだ審判が下っていなかった。

二、三、あいさつ代わりの言葉を交わすと、わたしはそれほどへりくだるわけでもなく、あなたは新米教師に何かアドバイスをするとしたらどんなアドバイスをするかとたずねた。青い目がぎらりと光り、朝からずっとそういう質問を待っていたんだよとでも言いたげに、大きく口元をほころばせた。ミキは大きな顔を近づけてきて、平手でテーブルをどんとたたいた。「よう、弟分!」彼は胴間声でそう言った――以後これが、彼がわたしを呼ぶときの呼び名になったのだが――「好きになるんだよ！何でも好きになるんだよ！」。確か、もう一回テーブルをたたいたのだったか。それから、彼は椅子に背中をあずけ、また違った笑みを浮かべた。よく「ゆがんだ」と表現されるようなやつだ。「あとは、自分のしゃべることに責任を持つことだよ」

そういうことだった。ミキ・バウアーズが頭の中で考えていたことだ。わたしやわたしのような立場にいる人間が知っておくべきだと思えたことのすべてであり、どうやら教師の仕事だけに関することでもなさそうだった。細かさも必要ない。かつての砲兵大隊の隊長は簡潔にまとめていた。

歳月がたち、もうじき70歳になろうという頃、ミキはとうとう自分にもそのときが来たという悲しい発表をした。彼が言うには、歩くのもままならなくなってきたということだった。さすがのハワイアン・カウボーイもいよいよ旗を下ろすときが来た。春の間はずっと、送別会や謝恩会やパーティーが開かれた。首にかけられたレイでほとんど手元が見えない状態になりながら、彼はウクレレを抱え、歌をうたっていた。ミキに対して、学校はできる限りのことをし、次々と素晴らしいセレモニーを開き、とりわけ送別会はよかった。あの最後の日々は多くの食べ物と音楽と笑いに満ち、ときには涙や長い抱擁も見られた。アロハオエ、ミキ。元気でいろよ、だ。

それから3か月とたたないうちに、もちろん予定どおり、学校は再開された。新学期だ。わたしがキャンパスに戻ると、ミキのデスクはもうミキのデスクではなくなっていた。別の教師が座っていた。長くミキの教室だったところへも、新しい生徒たちが押し寄せていた。もうチャペルにあのバリトンが響くこともなかった。教職員用のランチルームのあのテーブルにも、別の人たちが座っていた。キャンパス中で、メールボックスやコピー機の前でも、教室の中や外でも、教師たちは日常の会話をしており、生徒たちも、言われたことをして、勉強をし、ぶらぶらしたり、図書館や水球の練習場に走っていったりしながら、やはり、彼らなりに日常の会話をしていた。

そのうち、いつものことだが、学校の新しい一年が軌道に乗ってきて、何週間、何か月という時間が過ぎていった。そして、その間に一度もミキ・バウアーズのことは耳にすることがなかった。彼は過去の存在になっていた。学校は前へ進んでいた。まるで最初から彼はそこにいなかったかのように。

これもいい勉強になった。

それから12年と半年がたち、83歳で、ミキは亡くなった。元日のことだった。

野生のミツバチのように飛び回って

プナホウで教えだしてまだ日が浅い頃、わたしは生徒たちと一緒にニコス・カザン

［訳注9］ザキスの小説を装った哲学書『その男ゾルバ』を読むようになり、以後ずっと、いろいろと思うことがあって、毎年それを繰り返している。炭坑の現場監督を任される好色な主人公の人生は、その素朴な揺るがぬ信念のおかげで、わたしが思うに、まあだいたい行き着くべきところに行き着く。曰く、人生をまっとうしたければ自由でいることだ……まわりの期待や言いつけに縛られず、人をうらやまず、つまらないことも気にしない。人間には愚かさが必要だ、とゾルバは言う。ほんとうにしたいと思うことだけをやれ、ともゾルバは言う。**心のままに、思いつくままに、いまという瞬間に集中する。生きろ。そこにすべてをつぎ込め。そして、結果はどうなろうと、なるがままに任せろ。**きっと、ミキ・バウアーズもうなずいたことだろう。

　読者と同様、切なる願いを抱き、理性的に、知的に生きてきた語り手にも、このとことん放埒なゾルバの生き方が胸にこたえてくる。そしてついには——多くのページ数を費やし、多くのことを学んできたあげくに——クレタ島の明るい日差しに満ちあふれた一面の草原で、語り手も納得する。天啓の瞬間、小説のクライマックスだ。「いつの間にか」彼は有頂天になってわたしたちに語りかける。「わたしのまわりの何もかもが、形は変わらないのに、夢の世界になっていた。この世と楽園が一つになっていた。あの草原の一本の花から、その世界がさあっと広がった。あれがわたしにとっての人生の何たるかだった。わたしの心も、野生のミツバチのように飛び回っていた」

それから間もなく、学校の教師と生徒もいずれはそうなるように、この語り手とゾルバも別々の道を歩きだす。小説の最後に、わたしたちはゾルバの死を知らされる。セルビアのどこかで、元気のいい、ずっと年下の娘と結婚していた。彼の最後の言葉はこうだったということも知らされる。「俺はさんざんいろいろやってきたけど、まだやり尽くしたとは言えないな。俺みたいな男は1000年生きるしかないんだな。じゃあな！」そのあと、彼はベッドから這い出し、窓のところまで行って、笑い、馬のようにいななき、そこに立ったまま、窓枠につかまって、遠くの山を見やりながら、こと切れた。

死に臨んでも、ゾルバはそれをはねつけようとした。単なる象徴的な表現に過ぎないとは言え、これはもうある種の勝利、生きることの勝利と言える。

あの日、イーサンも14年ほど前のあの生まれてきた日に、わたしたちに合流した。世界中では、ほかにもざっと35万人ほどが合流していた。あの新生児室の窓から見えた光景。もうあの全員が残っているとは限らない。何ということか。まだまだ先とは言え、いずれは誰もいなくなる日も来る。だが、それまでは、どうかみんなに、いや、いまからでもどうかずっと、最後の最後まで、野生のミツバチのように飛び回ってもらいたい。
やがて次の一団が来て、またその次の一団も来る。
だから、この本を読んでくださったみなさんもどうか。
あらゆるものに愛をこめて。

訳注1　ウォルト・ホイットマン　1819〜1892年。アメリカの詩人。ニューヨーク州生まれ。代表作『草の葉』

訳注2　トーマス・グレイ　1716〜1771年。イングランドの詩人。ケンブリッジ大学の教授だった。代表作『田舎の墓地で詠んだ挽歌』

訳注3　フィリップ・ラーキン　1922〜1985年。イギリスの詩人。オックスフォード大学を卒業後、ハル大学の図書館員として勤務しながら、詩作をした。

訳注4　『ラプソディ・イン・ブルー』　アメリカの作曲家、ジョージ・ガーシュウィン（1898〜1937年）が1924年に発表した作品。ジャズとクラシックを融合した名曲として知られる。

訳注5　ソーントン・ワイルダー　1897〜1975年。アメリカの劇作家。ピューリッツァー賞を3度受賞した。代表作『わが町』『危機一髪』

訳注6　ウィリアム・カレン・ブライアント　1794〜1878年。アメリカの詩人・ジャーナリスト。マサチューセッツ州生まれ。1826年から死去するまで『ニューヨーク・イブニング・ポスト』紙の主筆を務めた。

訳注7　ウィリアム・サロイヤン　1908〜1981年。アメリカの作家・劇作家。カリフォルニア州生まれ。代表作『人間喜劇』『わが名はアラム』

訳注8　ジョナサン・スウィフト　1667〜1745年。アイルランド生まれの風刺作家・司祭。代表作『ガリバー旅行記』

訳注9　ニコス・カザンザキス　1883〜1957年。ギリシアの作家・政治家。代表作『その男ゾルバ』

あとがき

ウェルズリーハイスクールの卒業式を一週間後にひかえて、そのときはまだスピーチのことはほとんど何も考えないまま、わたしは娘とラップトップをピックアップトラックに載せ、娘が出場するサッカーの試合を観に、ニュージャージーへ向かった。リーアは道中の多くの時間を宿題をして過ごした。わたしは思いをめぐらせていた。

翌朝、わたしは早く起きて、目標めがけてまっしぐらといった感じで書きはじめた。出来上がったスピーチはおおかた、長年にわたって教室であれこれ話してきたことのエッセンスだった。(ダッフルバッグから取り出せるのは、もともとそこに入っていたものだけだ。)それから数日間、わたしはその原稿をほうっておいた。だが、式の二日前の夜、夕食後の片づけを済ませて家中が静かになった頃、ジャニスがわたしをリビングに呼び、原稿を声に出して読むように言った。どんなふうに聞こえるのか、自分で確かめたほうがよいというのだ。「なんで?」とわたしはたずねた。「こういうものは、どうせ誰も聴きはしないさ」

正直に言うと、これにはいくぶん逃げもある。卒業生の門出にあたって、彼らにとって何か大切なこと、何か価値のあることを伝えたいという思いは、とても強く持っていた。ハイスクールを終えることは小さな出来事ではない——それに、五月の末を迎えた生徒たちに教師がいだく責任感や愛着は強烈で、彼らが目の前からいなくなると思うと、センチメンタルになりすぎるものだ。あの若者たちにしてみれば、うれしくてたまらない、ほとんど狂乱状態といってもよい季節で、それはそれで無理からぬ話なのだが、教師たちにとっては……すくなくともこのわたしという教師にとっては……それほどのものではない。いや、ぜんぜんそんなものじゃない。彼らのほとんどに、二度と会うことはないのだ。生徒たちの反応についてはまるで見当がつかなかったが、わたしは自分の書いたものに満足し、望みをいだいていた——きっと、料理人が客を迎え入れるときもこんな感じだろう。この期におよんで、ジャニスの口から「ポットローストなんていらない！」といったたぐいの言葉は聞きたくなかった。彼女なら、そう思ったらそれを口にするだろう。

だが、わが愛する妻はこの人類の中でも、眉を上げて表情をつくることにかけては天才の部類に属する。ジャニスの眉が上がり、わたしは折れた。リビングルームでそろって腰をおろし、わたしは読んで聞かせた。読み終わると、ジャニスはうなずいた。「すてき」と彼女はやさしく言った。

いま、わたしは、「きみは特別じゃない」というリフレインとその変形句の使いかたをもっとあっさりとしたほうがよかったと思っている。修辞的技法で使ったにせよそうでないにせよ、これではいくらなんでも使いすぎだ。あまり何回も繰り返されると、そのうちしつこく聞こえるようになり、すこしえらそうな響きさえ帯びてくる。

いまにして思えば、例外視するとはどういうことかについて、また、この本の中でも言おうとしたたぐいの、例外視することがもたらす結果についてごくかんたんに吟味するか、あるいはいっそのこと、「特別」という言葉とそこに潜む優越性と特権性について、「特別」などというのは意味の抜け落ちたありふれた表現で、甘ったるい気どりにすぎないと笑いとばすかしたほうが、わたしの意図にかなっていた。また、「追求」を動詞としたばかな間違いにも、あのとき気がついていればよかったと思う。

しかし、まあ、人はときにみっともないミスをおかすものだ。

四十数時間後、何人かのすばらしいスピーチのあと、わたしは演壇に歩を運び、この本の冒頭で紹介した祝辞を述べた。

学校というのは、愛がかたちになったものだ——子どもへの親の愛、生徒たちへの教師の愛、学問への愛、人間愛、人生愛。それに、かつてのヘラクレイトスの川の譬《たと》え（同じ川に二度入ることはできない）ではないが、同じ学校へは二度と足を踏み入れることができない。そこを流れていくのは、子ども、子ども、そしてまた子ども。そこにおいても万物は流転し――そして最後は、よくやった、上出来だ、楽しかった、みごとな成長ぶりだ、に至る。精神が開花する。知恵が芽生える。人生がかたちづくられる。人生が大切にされる。

そして、あれから何か月かが経過したいま、あの若者たちはあいかわらず、若者であることに――ひたすら若者であることに――忙しい。ウェルズリーハイスクールの2012年卒業組は去り、そのほとんどは、どこかよそで2016年卒業組の一員になっている。願わくは、彼らが幸せで、懸命に勉強し――ここは強く言いたいところだが――よいものを読み、いつも読書し、なおかつ自由でもあらんことを。願わくは、彼らが毎日の昼と夜と学んだことすべてを愛し、きたるべき未来に対して意欲的であらんことを。

彼らのことを日にいくたび思うことか。

［著者］

デビッド・マカルー・ジュニア (David McCullough, Jr.)

アメリカ、マサチューセッツ州にあるウェルズリー・ハイスクール教諭。作家をめざしていたが挫折し、ハワイのプナホウ・ハイスクールで国語（English）教師としてのキャリアをスタート、経験26年超のベテラン教師。父親はピューリッツァー賞受賞者の歴史学者。マサチューセッツという土地柄もあってか、サンデル教授が行っているソクラテス・メソッドを授業に取り入れ、生徒たちに古典を読ませ、さまざまな議論をさせている。4人の子どもの父親でもある。

［訳者］

大西央士（おおにし・ひろし）

翻訳家。1955年、香川県生まれ。主な訳書にカントナー『二十五年目の墓標』（扶桑社）、ベントリー『トレント最後の事件』(集英社)、ブラウン『犬、最愛のパートナー』(晶文社)、ポラード『企業のすべては人に始まる』（ダイヤモンド社）など、著書に『妻をガンから取り戻した記録』(ダイヤモンド社) がある。本書の訳稿を脱稿後、2015年12月28日逝去。

きみは特別じゃない

——伝説の教師が卒業生に贈った一生の宝物

2016年2月18日　第1刷発行

著　者——デビッド・マカルー・ジュニア
訳　者——大西央士
発行所——ダイヤモンド社
〒150-8409　東京都渋谷区神宮前6-12-17
http://www.diamond.co.jp/
電話／03･5778･7236(編集)　03･5778･7240(販売)

装丁————小林 剛(UNA)
製作進行——ダイヤモンド・グラフィック社
印刷————加藤文明社
製本————ブックアート
翻訳協力——遠山峻征
編集担当——佐藤和子

ISBN 978-4-478-02371-6